海外华人诗歌精选

BEST OVERSEAS CHINESE POETRY

主编　徐英才　冰花

Edited by Xu Yingcai & Bing Hua

Chicago Academic Press

Title: Best Overseas Chinese Poetry
Edited by Xu Yingcai & Bing Hua
Language: Chinese
Published by Chicago Academic Press, August 2, 2021
ISBN: 978-1-0879-0349-1

书　名　海外华人诗歌精选
语　言　汉语
主　编　徐英才、冰花
出版社　芝加哥学术出版社 2021 年 8 月 2 日
书　号　978-1-0879-0349-1

.

Library of Congress Control Number: 2021944187

Publishing　Chicago Academic Press
　　　　　　263 S Clubhouse Drive
　　　　　　Palatine IL 60074
E-mail　　　contact@chicagoacademicpress.com
Website　　http://chicagoacademicpress.com/

Book Size　6X9 inches
First Edition August 2, 2021

目　录

编者的话

为多角度反映中华诗歌的承传与发展,继《世界华人经典诗选》,我们又着手编撰出版这部《海外华人诗歌精选》,把镜头推向诗与远方,聚焦居住在海外他国游子们的诗情,展现异乡远土中华诗苑里的百花。

一部诗集如同一座大厦,必须经得住时间的考验。我们本着百年大计质量第一的责任心,认真处理每位诗人发来的每一首诗稿,以不薄新人,不厚名家,不分流派,不管山头,只看诗歌的原则;以对诗歌负责、对诗人负责、对读者负责的态度,公允客观地甄选出意境美、诗意浓、有哲思、有代表性的优秀作品。

从 2021 年 2 月 15 日征稿开始到同年 3 月 31 日截稿,我们收到了来自世界各地的 150 多位诗人的近千首诗歌作品,经过历时数月的紧张忙碌,从中精选出 112 位诗人的 193 首诗歌。如此,一部异乡他国百花竞放的海外华人诗歌精选集就诞生了。

中国是个诗歌古国,有着悠久的诗歌传统,无论华人走到哪里,诗歌就在那里生根茁壮,开花结果。中国新诗百年,海外诗坛百花争艳、姹紫嫣红。无论是老一辈移居海外的诗人如洛夫、纪弦、痖弦、非马等,还是八十、九十后踏着改革开放浪潮走出国门的诗人,他们之中有不少在移居海外前,就已经在中国诗歌界享有很高的知名度。

总体来说,无论是从创作动机来看,还是从诗歌的选材来看,海外诗人的诗歌比较淳朴自然。这些游子大多都有自己的专业,诗歌创作只是业余爱好,写诗只是心内有情要抒,有感要发,因此无论他们是写乡愁、怀旧,还是写海外生活的苦辣酸甜,都是发自他们内心的真挚吟唱。通过这本诗集,我们可一览中国新诗百年海外诗人的丰硕成果,对研究中国新诗百年在海外的发展,对研究华人在海外的诗歌创作成就有着深远意义。

为反应新诗在海外的发展和诗史的轨迹，我们采用了按诗人出生年月的方法排序。由于时间、精力、篇幅所限，错过某些优秀作品的情况在所难免，希望读者能够体谅。最后，我们在此谨对所有支持我们的诗人表示由衷的感谢！

徐英才 冰花

2021 年 7 月 2 日

纪弦[美国]

纪弦（1913 年 4 月 27 日～2013 年 7 月 22 日），本名路逾，字越公，笔名路易士、青空律、纪弦，祖籍陕西周至，生于河北清苑，中国台湾现代派诗人。1924 年，定居扬州。1929 年，开始写诗及学画。1931 年，以"路易士"为笔名，自费出版《易士诗集》。1945 年，开始使用笔名"纪弦"。1948 年，由上海赴台湾。1949 年，在台北成功中学任教。1953 年，独资创办的《现代诗》季刊创刊号出版。1956 年，组成"现代派"，提倡"新现代主义"，发动"新诗的再革命"运动。1969 年，出席在菲律宾举行的第一届"世界诗人大会"，获菲律宾总统马科斯颁授的金牌。1976 年底，移民美国。1981 年，出席第五届"世界诗人大会"，获"世界艺术文化学院"赠予的荣誉文学博士学位。1988 年，与李芳兰等人创办"北美中华新文艺学会"，并任监事长。1994 年，担任美国华文文艺界协会第一届会长。2001 年，出版《纪弦回忆录》。2002 年，出版诗集《纪弦诗拔萃》。2008 年，出版诗集《年方九十》。2013 年 7 月 22 日，在美国加州逝世，享年 101 岁。

1. 你的名字

用了世界上最轻最轻的声音，
轻轻地唤你的名字每夜每夜。

写你的名字，
画你的名字，
而梦见的是你的发光的名字：

如日，如星，你的名字。
如灯，如钻石，你的名字。
如缤纷的火花，如闪电，你的名字。
如原始森林的燃烧，你的名字。

刻你的名字！
刻你的名字在树上。
刻你的名字在不凋的生命树上。
当这植物长成了参天的古木时，

啊啊，多好，多好，
你的名字也大起来。

大起来了，你的名字。
亮起来了，你的名字。
于是，轻轻轻轻轻轻轻地呼唤你的名字。

2. 狼之独步

我乃旷野里独来独往的一匹狼。
不是先知，没有半个字的叹息。
而恒以数声凄厉已极之长嗥
摇撼彼空无一物之天地，
使天地战栗如同发了疟疾；
并刮起凉风飒飒的，飒飒飒飒的：
这就是一种过瘾。

（选自网络）

洛夫［加拿大］

洛夫（1928 年 5 月 11 日～2018 年 3 月 19 日），原名莫洛夫，他名野叟，出生于湖南衡阳，1949 年离乡去台湾，1996 年移居加拿大。创世纪诗社成员之一，现代诗诗人。

淡江大学英文系毕业，1973 年曾任教东吴大学外文系。1954 年与张默、痖弦共同创办《创世纪》诗刊，并任总编辑多年，作品被译成英、法、日、韩等文，并收入各种大型诗选，包括台湾出版的《中国当代十大诗人选集》。

洛夫写诗、译诗、教诗、编诗历四十年，著作甚丰，出版诗集诗集 31 部，散文集 6 部，诗论集 5 部，另有评论集、译著多部，对台湾现代诗的发展产生了重要的影响。他的名作《石室之死亡》广受诗坛重视，廿多年来评论不辍，其中多首为美国汉学家白芝（Cyril Birch）教授选入他主编的《中国文学选集》。1982 年他的长诗《血的再版》获中国时报文学推荐奖，同年诗集《时间之伤》获台湾的中山文艺创作奖，1986 年复获吴三连文艺奖。1999 年，洛夫的诗集《魔歌》被评选为台湾文学经典之一，2001 年又凭借长诗《漂木》获得诺贝尔文学奖提名。

1．烟之外

在涛声中唤你的名字而你的名字
已在千帆之外
潮来潮去
左边的鞋印才下午
右边的鞋印已黄昏了
六月原是一本很感伤的书
结局如此之凄美
——落日西沉

你依然凝视
那人眼中展示的一片纯白
他跪向你向昨日那朵美了整个下午的云
海哟，为何在众灯之中

独点亮那一盏茫然
还能抓住什么呢？
你那曾被称为云的眸子
现有人叫作
烟

2. 青春作伴好还乡

山一程水一程
拥着阳光拥着花
拥着天空拥着鸟
拥着春天和酒嗝上路
雨一程雪一程
拥着河水拥着船
拥着小路拥着车
拥着近乡的怯意上路

（选自网络）

痖弦[加拿大]

痖弦（1932～），原名王庆麟，出生于河南省南阳县（今南阳市卧龙区）杨庄营村东庄一个农民家庭。六岁入本地杨庄营小学，九岁入南阳私立南都中学，十六岁入豫衡联合中学，1949 年 8 月，在湖南参加了国民党军队，并随之去台。到台湾后进国民党政工干校的影剧系学习，1953 年 3 月毕业后分配到国民党海军工作。1961 年任晨光广播电台台长。出版的诗集有《痖弦诗抄》（1959）、《深渊》（1968）、《痖弦诗集》（1981）等。

1966 年 12 月，以少校军衔退伍。1969 年任台湾"中国青年写作协会"总干事。1974 年兼任华欣文化事业中心总编辑及《中华文艺》总编辑。1975 年任幼狮文化公司期刊总编辑。1977 年 10 月起担任台湾《联合报》副刊主编至今。其间曾应邀参加爱荷华大学国际创作中心，并入威斯康辛大学学习。在痖弦写作生涯的早期，痖弦提出了"新民族诗型"的观点（1956），主张追求形象第一，意境至上；强调中国风与东方味。一再地回响着汉语古典诗歌的声音的《秋歌》可看作对这一观点的实践。

痖弦是台湾《创世纪》诗刊的三驾马车之一，他以诗之开创和拓植知名，民谣写实与心灵探索的风格体会，二十年来蔚为台湾现代诗大家，从之者既众，影响最为深。

1. 如歌的行板

温柔之必要
肯定之必要
一点点酒和木樨花之必要
正正经经看一名女子走过之必要
君非海明威此一起码认识之必要
欧战，雨，加农炮，天气与红十字会之必要
散步之必要
溜狗之必要
薄荷茶之必要
每晚七点钟自证券交易所彼端
草一般飘起来的谣言之必要。旋转玻璃门
之必要。盘尼西林之必要。暗杀之必要。晚报之必要。

穿法兰绒长裤之必要。马票之必要
姑母继承遗产之必要
阳台、海、微笑之必要
懒洋洋之必要

而既被目为一条河总得继续流下去
世界老这样总这样：——
观音在远远的山上
罂粟在罂粟的田里

（1964 年 4 月）

2.　瓶

我的心灵是一只古老的瓶；
只装泪水，不装笑涡。
只装痛苦，不装爱情。

如一个旷古的鹤般的圣者，
我不爱花香，也不爱鸟鸣，
只是一眼睛的冷漠，一灵魂的静。

一天一个少女携我于她秀发的头顶，
她唱着歌儿，穿过带花的草径，
又用纤纤的手指敲着我，向我要爱情！

我说，我本来自那火焰的王国。
但如今我已古老得不能再古老
我的热情已随着人间的风雪冷掉！

她得不到爱情就嘤嘤地啜泣。
把涩的痛苦和酸的泪水
一滴滴的装入我的心里……

哎哎，我实在已经装了太多太多。

于是，我开始粼粼的龟裂，
冬季便已丁丁的迸破。

（选自《痖弦诗集》洪范书店有限公司，2010 年出版）

非马［美国］

非马，1936 年生人，美国华裔诗人，本名马为义，英文名 William Marr，威斯康辛大学核工博士，从事能源及环境系统研究工作多年。曾任美国伊利诺州诗人协会会长，出版中英文诗集二十三种，以及英法意多语诗选五种。另外他还出版了三本散文集及十三本译著。他的诗作被收入百多种选集及台湾，大陆，英国及德国等地的教材并被译成十多种文字。曾获《马奎斯世界名人录》及意大利宇宙出版社国际审查董事会颁发的终身成就奖及台湾「中国文艺协会」颁发的中国文艺奖章。

1. 醉汉

把短短的直巷
走成一条
曲折
回荡的
万里愁肠

左一脚
十年
右一脚
十年
母亲啊
我正努力
向您
走
来

2. 鸟笼

打开
鸟笼的
门

让鸟飞

走

把自由
还给
鸟
笼

3. 桥

隔著岸
紧密相握

我们根本不知道
也不在乎
是谁
先伸出了
手

4. 醒来

你当然没见过
从鸟鸣中升起
这个属于今天的
鲜活世界

每道光
都明亮灿烂

每次爱
都是初恋

盛坤[加拿大]

罗圣庆（笔名：盛坤）国籍：中国，1937 年出生。原哈尔滨医科大学公共卫生学院教授。现为加拿大中华诗词学会会员，加拿大加华笔会会员，加拿大文思多元文化协会理事和华诗会会员。业余文学爱好者。诗词、散文、译文散见于各纸媒与网刊。

我和妳

妳是河水
我就是容纳妳的河床
任河流冲刷

妳是海水
我就是拥抱妳的海岸线
任海浪拍打

妳是海燕
我就是湛蓝的天空
任妳自由地飞翔

妳是芙蓉
我就是那莲藕
而屈于淤泥
任妳高雅

妳的需要
就是我生存的意义
我和妳
永不分离

曾心 [泰国]

曾心，1938 年生于泰国，毕业于厦门大学汉语言文学系。出版散文、小说、诗歌、论文等 19 部。2017 年被评为中国新诗百年"百位最具实力诗人"，现为泰华作家协会副会长，厦门大学东南亚华文文学研究中心兼职研究员，东南大学现代汉诗研究所兼职研究员。

1. 老井

一口古井
跌落一弯残月

抛下水桶
打上祖祖辈辈的沧桑

沉重地拉——
一条古老文化的根

2. 油条

本来软绵绵
熬煎后
赤裸裸
紧紧相抱

不管外界多热闹
此时，只有他俩

3. 一尾鱼的发现

当走投无路时
便向水面一跃
竟发现

一个比海更宽阔的天

那晚他做了个奇怪的梦：
自己的鳃换成了肺

4. 浪花

跳出母亲的怀抱
追风逐雨
咯咯的笑声
突然撞到山脚
碎了
洒下尽是泪

气如虹［美国］

周永新，笔名：气如虹；祖籍：中国广东省番禺县人。1941年出生于越南，少年就读堤岸番禺学校，1956年开始执笔创作，练习投稿，文章诗作发表于越南各华文报纸及台湾、香港之文艺刊物，偶尔参加各项征文，领取奖品。

1997年移民美国，继续在报纸与网路撰述，近年为凤凰城亚省时报【生活随笔】专栏撰述。写作态度严谨，保持自我风格，言之有物，不虚伪，不谄媚，不奉承，宁缺毋滥。

现为亚省华文作协会员，亚省越华联谊会名誉会长，风笛诗社网站美加顾问，世华作家交流协会副秘书长

拓荒者之歌

我啊！我——
是来自那遥远的北方！
曾经过一望无垠的汪洋，
乘长风，破万里浪，
是为这大地垦荒。

当我撑着木船抵达这块土地，
到处呈现着，原始的荒凉；
这儿有的是：
　　风吹茅舍摇摇摆荡，
　　荆棘丛生乱不成行，
　　河畔满布污垢泥浆……

我吃过不少苦头，
　　经历不少危难，
　　流出不少血汗，
　　擦破不少衣裳……
　　我的意志永远坚强！

凭我的智慧，凭我的力量，
把茅屋改建座座楼房，

斩荆棘辟作大道康庄，
将泥泞的堤岸筑成壮丽的商港！
· · · · · · · · · · · ·

看！今日——
大地一切多麽兴旺，
汽车楼宇何等辉煌！
原始气氛都已消失，
正吐出文明都市底光芒！

可是我心坎蕴藏一团疑云，
——也许得请教上苍
每当深宵半夜，
仍传出曼波、卡力苏舞声的时候，
我就被世人遗忘。
难道人生目标，
只为追求渣渣渣的一阵疯狂？

（1959 年，描述越华人士的心声）

濮青[美国]

濮青, 出生四川重庆, 毕业于台大、美国明大数理统计硕士。旅美数学教授 30 年, 诗人作家, 五洲民族舞者。退休后为救助灾难病患筹款义演舞蹈。英文诗《女儿行》与诗人惠特曼及十一位桂冠诗人作品, 熔刻曼哈顿新州火车站大理石壁, 自 2002 年起为千万旅客永久展示。创着英诗集《East Wind, West Rain》, 中文诗集《东风西雨》。双语版《回音》。译文有葡、法、德 、瑞、意、西文翻译版(苏德平/Pedro Suter 译)。担任汉新文学奖十届诗歌比赛评审。Academy of American Poets 及北美中文作协等, 终身会员。

女儿行

在人生的激流中
她撑筏挥桨

追寻
飞越急湍上的凤凰

（此四行英语诗句镌刻于纽约火车站石壁于公元 2002 年。）

荷野 [美国]

荣惠伦(笔名：荷野)， 籍贯江苏无锡，美籍华人。1947 年生于中国海南，1948 随家人移居越南，1991 移民美国芝加哥迄今。美国风笛零疆界诗社主编。网站：https://www.fengticlub.com/

在杭州遇见苏东坡
——偕妻儿初游杭州

不期然在杭州遇见你
我知道　你来自北宋
关西大汉的铜琵琶铁绰板
曾经演绎你的激昂豪情

而我来自民国
一蓑烟雨任飘零
去国一甲子
天涯倦客　故园寻根

瞻仰你
我爱极了《水调歌头》
孺慕你
我背熟了《念奴娇》

不期然在杭州遇见你
一脸千年的络腮
一派今朝的江南
你我　谁都没有说话

依依挥手《水龙吟》的你
——千古风流浪淘的你
于斯你说：你依旧鹤发鹄立临风
你知道　我会再来　看你

陈金茂 [美国]

陈金茂，北美中文作协终身会员，中国音乐文学学会会员，福建省作协全委委员；出版有历史小说、诗集、儿童文学等著作；作品获福建省政府百花文艺奖和福建文学优秀作品奖，被收入《福建文学三十年》《福建文学五十年》。

1. 烹诗

下班了，一支锅碗瓢盆的
交响曲，在厨房里飘

噢，还要写一首抒情短诗
投给明日的时报
一台电子笔记本电脑
搁在案板的一角

灵感在油锅里迸爆
诗绪在菜铲下翻炒
铝勺不断地磕碰锅沿
蹦出一个个响亮的韵脚

构思，被刀一节节地切断
又让联想一节节地串好
猛然发现一行成熟的诗句
操起油腻的勺子就舀……

请品尝品尝我的烹调
——诗里有菜的清香
——菜里有诗的味道

时间呀，被铸成金条
一寸光阴可以掰成两份创造
一份是喜，一份是恼

2．留影

当时光这把利刃，
一段一段地切削去你的生命，
你还剩下什么？

谁在咫尺，谁又在天涯？
谁在眉梢，谁又在心头？
穿梭在历史博物馆，
先贤们坐在镜框的深处，
正微笑地看着我们。

岁月过滤了所有的过程，
只剩下一个横截面。
想象的翅膀从它面前掠过，
请问哪儿才能找到孵梦的巢？

在季节不断的变奏中，
我们沿着一个又一个的省略号，
去追寻一路盛开的花朵。
就这样从童年的发源地
走出了很远，
在季节不断变幻的色彩里
泊下一颗颗希望的种子。

今天我们走到了这里，
如一棵老树沉默不语。
来吧，为我们拍一张照片！
百年之后，也许它能为我说些什么......

溫陵氏［菲律宾］

溫陵氏，本名傅成权，菲律宾华文作家协会理事、中外散文诗学会宿务（菲律宾）创作基地主任。著有诗文集《雾岛涛韵》《过去未来共斟酌》。作品散见于《散文诗世界》《泉州文学》《滇池》文学月刊等。作品入选《中国散文诗年选》《中国年度优秀散文诗》《中国散文诗百年经典》《世界华文诗歌荟萃》（香港）、《新世纪文艺》（新加坡）、《秋水诗刊》（台湾）等选本。

走味的家书

鼠标淘汰墨砚
键盘取代毛笔
十指弹出的方块
如何也嚼不出
一撇一奈一竖
用心书写的味道

刘荒田［美国］

刘荒田，广东省台山人，1980 年从家乡移居美国旧金山。已出版数十部散文随笔集和诗集。现任旧金山美国华人文艺界协会名誉会长，北美中文作家协会副会长。2009 年以《刘荒田美国笔记》一书获首届"中山杯"全球华侨文学奖散文类"最佳作品奖"；2013 年，获北美《世界华人周刊》、华人网络电视台联合评选"2012 年度世界华文成就奖"；2015 年获《山东文学》杂志年度"优秀作品奖（散文第一名）"；散文《一起老去是如此美妙》获新疆"当代华人爱情散文大赛"第一名；散文《一个分数与一生命途》获首届"赞花杯"全球华文散文大赛优秀奖；散文《岁月多情》获《世界华人作家》杂志 2014"年度优秀作品奖"。

1．肠粉档

放心，不是用
曼哈顿郁结的车流裁成的
不是以
哈林区午间的枪声为馅料的
鄙人的肠粉
雪白、嫩滑，
长长地、软软地
卧在笼子上
透过好闻的蒸气看
好象家乡早晨
开满豌豆花的田垄哩

来，衣厂的新乡里！
要赶车？好嘞！
剪得短短
好便于狼吞虎咽－－
短得恰似此间人情
好在，保证够热－－
不是蛇头、房东、老板的脸
不是家书中
夹着泪痕的异国炎凉

只是，剪也剪不断
脐带一般
雪白的乡愁
连接田畴、家山

（选自纽约唐人街速写组诗）

2．失眠于日本

只因为换日线偷去
15 个小时
我不能不在
凌晨 12 时 38 分
和 3 时 58 分
撒若有若无之尿

　尿不急于排
　天不急于亮
　电灯不急于节能
我不急于
　　　打不地道的太极拳
　　　　只有 "成田东急" 酒店
名字在急

星辰
在纯粹亚洲版的天空
慢条斯理地冥想着
门前，独驶的送货卡车
不敢放肆
底层，唯一亮灯的厨房里
磨盘，为我研制
谷穗低垂的乡梦

卢迈［美国］

卢迈，女， 出生于广州，从小涉猎多种艺术，文学，音乐，绘画，并热爱自然科学。 来美之前是中国作协广东分会会员。出版过诗集及散文集。曾居日本八年，期间在《羊城晚报》撰写專栏《陌生世界》散文 25 篇，1992 移民来美。就读于纽约州立大学美术及设计专业，在纽约的美术公司工作多年。用假期作世界旅行，期间写小说及游记， 在《侨报》发表小说，在《世界日报》发表游记多篇。2017 加入北美作协，小说入选 2017，2018，2019《北美中文作家作品选》。

来自动物的消息

1. 鼠说它有超人的适应力，它是地球最后的生存者，因而幸灾乐祸等待世界末日的来临。
2. 凤凰择木而栖，盘古到现代绕树万千匝，仍然无枝可依。
3. 狮的博士论文再次论证了弱肉强食，维护了生态平衡符合达而文主义。
4. 蛇教唆夏娃偷吃禁果明辨善恶，被罚在夜间爬行却心安理得。
5. 老虎被狐狸作弄以后回家反思，才知道智慧比权威更厉害。
6. 狐狸说狡猾与聪明本来就是同义词，无须与书呆子争辩，依然用尾巴钓鱼。
7. 秃鹰叙述了人间几桩谋杀父母的案件之后，首先把母鹰吃掉。
8. 猪说豢养的和被豢养的都固有一死，不如视死如归因而心广体胖。
9. 鸭说是它最早知道春江水暖，它就是先知先觉，而它的才能被忽略了，不如不知不觉不如无知无觉。
10. 母鸡喋喋不休的争论，最后认定是先有鸡後有蛋，而第一只鸡是由草履虫变成。
11. 鸳鸯说其实它们早就想离婚，但又怯于传统的道德观念。
12. 企鹅申辩它把头插进泥土，不是因为怕死而是为了爱情。
13. 袋鼠说它永远带着孩子，却从未听人说过它是一个好母亲。
14. 孔雀说它的开屏只是为了求爱，而人类总是自作多情。
15. 蛙拿出了蝌蚪的照片说，要不是保存了儿时的玉照，谁会知道大名鼎鼎的两栖类先前就是这么简单
16. 虾永远简单透明一旦成熟就会变红。

17.   海星说大海的表面汹涌澎湃，而它的深处却平静得很，因而它从来没有惹过事非。

18.   当人类烹食和平鸽和忠实的狗那个黑夜，极乐鸟就飞回了原始森林从此就没有了消息。

19.   乌鸦发誓要做死神的忠实信徒，它颂赞黑夜结伙野宴筵席永远不散。

20.   狼被人类文明的火把赶到了荒原，凄厉的长嚎把原始与现代连接起。

蓝鸟[美国]

蓝鸟，原名许龙驹，网名蓝鸟许多。资深新闻出版人，学者，诗人。多件作品获国家(China) 或省市一、二、三等奖。1993 年移居美国。洛杉矶华文作家协会会员。《洛城诗刊》编委。

1. 影子

只为你是我脚下那片迷样的影子
我便跟着太阳翻山，跟着月亮跨海
在昼与夜无休的催促下
寻找你的正面
寻找藏着你的眼神的正面

山路如饥肠一般崎岖
大海把我放进簸箕里颠簸

我只是一只鸟
一只羽毛也会腐烂的鸟
我飞行的前方有太多耀眼的光芒
所以我眼里的前方一片苍茫
当我低下头的时候，我发现了你——

影子里有黑色的土地，也有你（却只是背影）
有孤独的安静，也有欢乐的孤独，还有平坦与曲折

我只是一只鸟
一只歌声沙哑的候鸟
当春天就要迷途
山与海一起在迷途的春光面前激烈地晃动时
影子，我的歌声
在最高的高处和最远的远处
等你

不是影子里什么都没有
是我还没有看到你的正面

2. 叙事

依旧是那颗心，那颗
老井一样的心，很深
心底已经没有清泉荡漾
掏不出故事的井口，没入了海洋
星星，搅动了海
浪，啃噬着横刀立马的礁石
聆听抛弃吟唱。朝朝暮暮
只为打磨一个个圆滑的梦想

依旧是那间房，那间
血色染红墙壁的老房，很空
房子已经重新装璜
不肯熄灭灯火的小窗，挽留了一缕秋日的悲怆
在屋里栽上一盆水仙，静静等待
等待来得越来越早的冬日傍晚将黑夜点亮
在最冷的季节里，水仙花开了
那是最早的春光

在都市的上空，拨开流云
为心塑就一畦春柔
让透明的记忆缝合无产致伤的处女膜
再把初夜送上拍卖会，换一锤
振聋发聩的觉醒
六十个春夏秋冬
季节为青松染白了多少次华发
云间的那条天街，就有多少回容颜焕发

人头攒动，车水马龙
稻子黄了，高粱红了
嘴角上站起来的微笑
挡住了眼泪
天也高，云也淡

蔡克霖［美国］

蔡克霖。江苏宿迁人。有诗集六册。现居美国南部，主编年刊［休斯敦诗苑］。

1. 电话之约

思念
牵动每一个周末
和遥远的故乡联络
这便是我和母亲的
电话之约

又是周末
我想母亲
又在电话机旁守候
听远方都市的呼唤
听远方儿女的呼唤
当悦耳的铃声响起
整个世界都将静静地
分享甜蜜

我听到了母亲
拿起电话机的声音
扯动电话线的声音
轻轻抹眼泪的声音
多像上一个周末
母亲长长叮咛的
最后一句

幸福的母亲
和远方的儿女
共度着周末
那兴奋的话语
悄悄地通过网络
向整个世界宣布

她一生所设置的频道
从没有发生过故障

(1997 年)

2. 大雁塔

再不怀疑什么
前面就是大雁塔了
有几只大雁盘旋
是我亲眼目睹的
钟楼和鼓楼
尚未奏起音乐
我已攀上了塔顶
如果展翅
也青空里腾飞
该是件幸福的事了
我压根儿不想
在没有英雄的年代里
充当什么英雄
只想掸去世间浮尘
心，平静下来
听佛说话
多少回梦里
都梦见你是智慧的长者
思维不枯，供众生
仰望和解渴
而我总爱比划雁的姿式
飞回长安

(2004 年)

秋叶［加拿大］

秋叶（笔名）中文名字是：吴耀通， 国籍加拿大。曾经是中国作协广东分会，诗歌创作组成员； 最早华语中文网站之一《枫华园》诗刊主编； 加拿大华语诗人协会理事；多个网站《古韵新音》诗坛的共同坛主； 《北美枫》文学杂志的【古韵新音】栏目的主编；从 80 年代开始先 后在国内外有关刊物上发表诗歌，翻译，歌词译配等等作品； 对现代诗和古典诗词进行了多年的学习和写作。

泉

在岩层里穿行，
在地热中酝酿，
终于
喷涌出热烈的诗行，
朗诵着
激动，纯洁的篇章。

前进中：
流淌着，
春的鸣唱，
夏的热情，
秋的爽朗。

倒映着，
黄昏的霓裳，
灿烂的星汉，
希望的晨光。

不俗流合汗，
自然的琼浆；
厚德载物，
善利而助长。

飞流千尺，
自你的渊源；

大江东去，
有你的份量！

池莲子[荷兰]

池莲子,原名池玉燕,1950 年 1 月出生中国温州。1985 年因中西婚姻移居荷兰。曾在厦大海外学院攻读中国现代文学、民俗学及中医学,获专业文凭证书。上世纪,80 年代开始发表文学作品。自 2017 年以来 被授聘为中国诗歌春晚-欧洲会场负责人。获第 38 届世界诗人大会(美国加州文学艺术学院)-文学博士。任荷兰东南部"彩虹"中西文化交流中心主任,荷兰《南荷华雨》双语小报主编,"莲静中医保健中心"中医师。世界华文作家交流协会名誉副会长,著有作品(多部双语诗集, 散文集,小说集)论文集等共十多种。曾多次获奖,作品列入《中外现代诗名家集萃》《世界诗人大会精选集》《海外华文文学史》等。并被编入国内高校教材。

1. 落叶

一阵秋风落叶纷飞
飘飘然,五彩缤纷
湖溏里的鱼儿染上了色彩
流动的叶子如扁舟荡漾……

桑叶,柳叶,梧桐叶
在风的旋舞中 ,相挤在母树的怀下
为大地编制冬装,
为春天筹备温暖 !

而枫叶,却爱守着自己的信念
被知心的收藏者躺放在书中
暗淡中吸取书香,
文静中接纳冬的到来
俏俏地
默默地
酵着春的酒酿 !

(2016 年秋 荷兰)

2. 竹丛

庭院中的竹丛
在风雪中苍劲挺拔
郁郁葱葱
尽管有时也磕头弯腰
那是她虚心的本质所致
向着大地
她需无止尽地求教

（辛丑年春　修正于荷兰）

怀鹰［新加坡］

怀鹰，原名李承璋，祖籍福建南安，1950 年出世，新加坡公民。现为新加坡作家协会及新加坡文艺协会成员。 著有诗集、散文集、小说集等近二十种。 曾多次在文艺创作比赛中获奖，作品被收入国内外出版的文学选集。

垂钓

一杆细线
钓水里夕阳

酡红脸的黄昏
把海鸟吹成
水面的翅膀
一尊古穆雕像
含着云烟沉思

我和凝固的海凝眸
穿透淡紫的舍利
无声绽开
悠悠眼眶
浮荡一轮千古不语的月

成君［新加坡］

成君，原名成泰忠。1951 年出生于新加坡。祖籍广东省番禺县。毕业于南洋大学历史学系。新加坡文艺协会会长、前商务印书馆（新）有限公司董事总经理。成君以诗歌为主要创作体裁，著有诗集 《河的独白》《淡淡的情愫》《地平线上的世界》《追逐生命中的光彩》《寻找种子的季节》《诗心牵影》《诗路旖旎》《结霜桥的哀歌》。文集《笔耕留痕》《踏影文踪》。现主编《新加坡诗刊》大型文学刊物。2012 年获第 13 届"亚细安文学奖"。

醉人的空间

跌落万绿的植群中
舒畅地和着大自然的清音
宛若攀缘植物般
将触角伸向自由的蓝空
放任自己在无边的天际

清新空气散游四野
醉香的花间纯得迷人
不想人间
让记忆暂似张白纸
永远定格在时间廊里
是如此的美好

喜欢这一处空间
没有半点污染
让彩墨沾满半片天边
留白的就让它留白

风与云
在不断演变

（稿于 2020 年 7 月 16 日，刊于《新加坡文艺》半年刊 129 期）

徐英才［美国］

1952 出生于中国上海，原中国复旦大学英语教师，现美国德宝大学汉学老师，翻译家、诗人。他先后开设过古现代汉语、现代中国文学、中国电影史、中国书法理论与实践、汉英英汉翻译理论与实践等课。他翻译出版过《英译唐宋八大家散文精选》《英译中国当代美文选》《英译中国经典散文选》《英译中国经典古诗词 100 首》《换言之——美国威斯康星州诗人英汉双语诗》（合译）等近十部译著，有些被用作国礼、教材。他主/合编过多部著作，包括享誉诗坛的《世界华语抗疫诗精选》《世界华人经典诗选》《2020 世界华人诗歌精选》。他出版过的诗集有《诗意江南》《来自大自然的灵感——徐英才汉英双语诗集》，以及纯英语版的《我们在这里绘画》。他的世界汉俳与三行诗也即将面市。他是华人诗学会会长，汉英双语纸质诗刊《诗殿堂》总编。他的诗学观是：语言朴实规范、优美张力；形象鲜明生动，诗意盎然饱满；言自心声，言之有物；着力形象的塑造，力求营造隽永的意境，努力让作品闪光。

1. 那条路

离乡那条路
是一道纤绳
这头背在我肩上
那头　拴着我童年的全部
无论我走到哪儿
它都拽着我
走得越远
肩头越重

你我虽各在两头
却从未分开过
我携着你的积淀
你牵着我的乡愁
那纤绳上荡漾的
是生命交响的节奏

2. 等你，在桥上

等你，在桥上
在玉兰掩映的拱桥上
你走过我身边
深情一望
从此，那眼神就让我迷惘

等你，在桥上
在荷花满塘的拱桥上
你走过我身边
嫣然一笑
从此，那笑就占满我心房

等你，在桥上
在百合遍岸的拱桥上
你走过我身边
滑落了披肩
从此，我就仔细把它珍藏

等你，在桥上
在放眼杜鹃的拱桥上
你走过我身边
我递过披肩
这一次，你停住了脚

你问我为何一直走上这座桥
我说等你
我问你为何一直来到这座桥
你说等我

人生这座桥
它的名字叫缘份桥
真诚与忠贞的脚步
定会走出一串爱的等号

3. 中国书法

蒙娜丽莎的微笑
惟妙惟肖
－－－－ 逼真的绘画艺术
闪烁着具象、造型、色彩的智慧
缺乏的是　催人起舞的旋律

贝多芬的命运曲
气势磅礴
－－－－摄魂的音乐艺术
闪烁着抽象、旋律、色彩的睿智
缺乏的是　令人惊叹的具象

世界上
难道没有调和这一切的艺术
如果有
那该是一种何等理想的手法啊

有，当然有
那就是中国书法

中国书法
在篆、隶、行、草、楷
五体中呈现具象
在章、今、行、狂
草书中透现抽象
在浓、淡、焦、干、湿、渴、涨、宿
用墨中展现色彩
在徐、疾、转、承、连、断
行字间表现旋律

中国书法
从伏羲的八卦中走来
凸显了
以线表意，阴阳对立的哲学内涵
从法家的篆书中走来

透视着
箭痕斧迹，刀光剑影的铿锵个性
从儒家的汉碑中走来
凝练着
温文尔雅，雄浑古朴的中庸内涵
从王氏的兰亭中走来
满溢着
行云流水，潇洒飘逸的老庄思想
从张旭的狂草中走来
彰显着
极速放纵，挥洒自如的自由作风
从颜、刘、欧、赵的楷书四家中走来
端庄里跳跃着
三步一拍的妙曼舞步
沉稳里焕发着
气韵贯通的鲜活生命

世界上最美的
不是高山流水
不是花卉树草
是生命
中国书法
长有血、肉、筋、骨、气

世界上最美的
不是走兽鸟虫
不是麋鹿蝶蜂
是带有灵魂的生命
中国书法
字字内方外圆
蕴含天圆地方，动静相宜的宇宙观
中国书法
长短、粗细、浓淡、向背……
充满阴阳变化，对立统一的辩证法
-----哲学
哲学就是中国书法鲜活生命的灵魂

有了它
柔情时
可以让荷花在池塘里轻歌曼舞
有了它
悲愤时
可以让黄河在大地上一泻千里
有了它
激情时
可以让万马在草原上电掣风驰

有了它啊——
可以用最具个性表现力的艺术手法
挥洒我心中的各种情思

严力［美国］

严力（诗人、艺术家）1954 年生于北京。1985 年留学美国并于 1987 年在纽约创立"一行"诗刊，任主编（2000 年停刊），2020 年 6 月复刊为一年两期的上、下半年刊。2018 年出任纽约"法拉盛诗歌节"主任委员，同年出任纽约"海外华文作家笔会"会长。

1. 反省创造无奈

死
不是一个可以继续的选择
爱与不爱
我
都是一个错误
世界用四季克服了自己追求一贯的荒诞
我理想中的十二个月各自独立
我一天天地挪用着生命
欠下的钟点没有一个能脱离平凡的表盘
表盘里不紧不慢的脚步拒绝出示
起伏的骨节
我被金钱衡量出来的劳动
仅仅证明
艺术需要更多的奴隶

2. 另一种骨头

狂奔的腿还在狂奔
只剩下狂奔在腿上写文章

听不见隔壁激动的心跳
半张床在别人的身下走进另一间睡房

如此早来的孤独如此的轻手轻脚
我睡不了两张床

哪怕两张都是我自己的车票

我向谁诉说
谁能替我把狂奔从腿上撕掉

我不到窗口去眺望寂寞
不高歌陷下去的喉咙
在低沉的地方我享受身高
我看见另一种骨头
在土里转动地球

刘明孚 [加拿大]

刘明孚，博士，加拿大中华诗词学会副会长，加拿大大华笔会副会长，文思移民与多元文化协会理事。诗文作品见於海内外中文报刊刊物和网络，并入编十几部文学专集。曾获常州"爱莲杯"全球诗词联大赛优秀奖和豫北文学首届全国文学大奖赛优秀奖。

1. 大地母亲的时装

妳从羊水中露出了脸
露出了丰胸
展现出完美的曲线

妳唤来北风
为妳缝起雪白的婚纱
成了养育生灵的
新娘

妳叫来东风
给妳披上葱绿的袍子
让花仙
养女生子

妳呼来南风
把旗袍装扮的万紫千红
任蜂蝶在花间飞舞
映射出长空的彩虹

妳差派西风
制作金色风衣
和冠冕

在这绚丽时节
检阅果实累累
聆听天涯海角的
欢呼

生
灵
之
母
！

2. 叶子

维多利亚岛上的橡树
加利福尼亚的参天红杉

还有加尔各答的独榕林
都会紧紧吸着我的眼球

是谁挥舞着魔幻彩笔
画出了这般庞然奇景

秋风在耳边拂过
把视线引向一片片
火红火红的落叶

诉说天工杰作的巧妙

片片叶子都是幕后英雄
它们与太阳殷勤互动
研磨出制作神画的丹青

每年秋风来到这里
都要为英雄们披上红袍

开一次隆重的庆功会
来款待如火如荼的
叶子

季肇瑾[美国]

　　真名季肇瑾，华人诗学会会员，北美作协华盛顿会员，加拿大海外作协会员。季肇瑾出生在上海。毕业于复旦大学哲学系和美国天主教大学哲学院。喜爱音乐、绘画、书法、诗歌、及旅行。 著有英文专著《近代上海银行史：中国金融资本兴衰》，中文《静庐诗词集》和《曲园诗词集》。

1. 恬酣

酣睡着
鼓弄着小嘴
嘟嘟
似乎还在吮吸乳汁
本能
萌态可掬
生命
在恬睡中伸展

2. 流沙

流沙
涌动
陷人于温柔的外貌下

生命像流沙
无目的漂浮
无益挣扎

生命随流沙
永恒流变
自由驰骋到天涯

郭辉［加拿大］

郭辉，1955年1月生，湖南益阳人。中国作家协会会员，一级作家。在《诗刊》《星星》《人民文学》《十月》《北京文学》《作品》《中国诗歌》《中国诗人》等刊物发表诗歌1500多首，在《十月》《人民文学》《芙蓉》《莽原》《湖南文学》等刊物发表中短篇小说50多篇。著有《美人窝风情》《吮吸爱的光芒》《永远的乡土》《错过一生的好时光》《九味泥土》等诗集。曾获加拿大第三届国际大雅风文学奖诗歌奖。

1. 沧浪谣

中年人，他在河边
吹笛。他面对着一段迟缓的河流
河床的最下面
沉淀着他大半辈子的
无可言说
他不紧不慢地吹出了笛音
颇有几分像是
他正在打磨胸腔里那些
沉默经年的锈
中年人，他站在一块
卧虎般的石头上
吹笛。他用七孔回旋曲，提起河流
给卧虎喂水，也给
自己头顶早生的华发染色
染上
青苍如幻的沧浪谣

（原载2020年11月《诗刊》第11期下半月刊）

2. 秋枫辞

秋日来临。它对山坡上
裸露的石头说——

从现在开始，你可否与我一道
隐隐作痛

苍天有眼，苍鹰飞过
它忽发玄思——我要向你黑刀子
一样的翅翼亮出伤口
你若捎带，就带走我的愈合

野菊花一蹦一蹦开了
仿佛是神灵敲响的鼓点
它不由得悲欣交集
告白人间——这才是撼庭秋

西风里，夕阳衔山
它无法不喊出心头的块垒——
落日呀，我也有着你阔大的病！也将
全部咳尽心头的血……

（原载 2017 年 11 月《中国诗歌》第 11 期）

杨炼[英国]

　　杨炼 1955 年出生于瑞士，成长于北京。七十年代后期开始写诗。朦胧诗的代表人物之一。1983 年，以长诗《诺日朗》轰动大陆诗坛，其后，作品被介绍到海外。1987 年，被中国读者推选为"十大诗人"之一。1988 年，应澳大利亚文学艺术委员会邀请，前往澳洲访问一年，其后，开始了他的世界性写作生涯。 杨炼的作品以诗和散文为主，兼及文学与艺术批评。他的作品已被译成 20 余种外文，在各国出版。其代表作为组诗《大海停止之处》、《同心圆》，以及《叙事诗》等。 2016 年，杨炼获得台湾 2016 首届太平洋国际诗歌奖（累积成就奖）；2015 年，杨炼获得中国首届李白诗歌奖提名奖；《作品》杂志组诗奖；以及广东（佛山）首届中国长诗奖；大昆仑文化奖．诗歌杰出成就奖。2014 年，杨炼获得意大利著名的卡普里国际诗歌奖（The International Capri Prize 2014）。2013 年，杨炼以他的《同心圆》三部曲获得中国首届"天铎"长诗奖。2012 年，杨炼获得由诺贝尔文学奖得主奈保尔任评审团主席的意大利诺尼诺国际文学奖（Nonino International Literature Prize 2012）。1999 年，杨炼获得意大利 Flaiano 国际诗歌奖；同年他的诗集《大海停止之处》获英国诗歌书籍协会推荐英译诗集奖。 杨炼为德国柏林"超前研究"中心 2102 / 2013 年度学者奖金获得者。2013 年，杨炼获邀成为挪威文学暨自由表达学院（The Norwegian Academy for Literature and Freedom of Expression）院士。出版的诗集有《礼魂》《荒魂》《黄》《大海停止之处》等。

1. 母亲的手迹

她的手抚摸　死后还抚摸
深海里一枝枝白珊瑚
被层层动荡的蓝折射

冷如精选的字　给儿子写第一封家书
亲笔的　声声耳语中海水冲刷
海流翻阅一张小脸的插图

跟随笔划　一页页长大
一滴血被称为爱　从开端起

就稔熟每天粘稠一点的语法

儿子的回信只能逆着时间投递
儿子的目光修改阅读的方向
读到　一场病抖着捧不住一个字

她的手断了　她的海悬在纸上
隔开一寸远　墨迹的蓝更耀眼
体温凝进这个没有风能翻动的地方

珊瑚灯　衬着血丝编织的傍晚
淡淡照出一首诗分娩的时刻
当所有语言响应一句梗在心里的遗言

2. 谒草堂

1
三十年　从夏天这边走到那边
三十年　酝酿着秋色

一杯更浓的浊酒
移至我面前　倒映咽下的笑

栀子香仍在缝合裂开的薄暮
草堂像草船　听　我自己的水声

流过　却未流出
绿阴阴的深潭叹息的直径

我漫步的鼻息拂低竹叶
数着疏雨　落入死亡的洁癖

三十年前　孩子转身丢下漩涡
又是花径　又是蓬门

登上诗人各自绝命的船

刮疼此地一千三百岁的河底

轻如一根草　任凭狂风镂刻的
不拒绝贫病题赠的

结局　他推过的石磨
磨着炊烟

淡淡飘散　我的成熟
像一个国度　习惯了忧伤之美

2
一行诗的幽暗甬道越走越暗
一行诗　园静游人散
竹林的竹杖点着风声　雨声　鸟声
浣洗的山花一如浣洗的人形
给我一个黄昏　渗出等了三十年的
发黄的纸　渗出两片水面远远推开的
两张脸　一架木床一张冷衾
追上燕子　暗香的空间不停退场
退至漏掉的血肉中亮起来的涵义
给我一种命　不同于每一条路
却把路都变成影子　他慢慢行走
在我身边掷落酒杯大的雨滴
云愈漆黑　一点烛火从水底远眺
一个夏天读出一千个夏天的寒意
给我这能力　忘记诗歌才终于返回
刺骨的温馨　比语言更惊人的死
被不值得的活冒犯成一句空话
而我小心踩过边缘的大海　紧挨
他的清瘦　忘记拜谒一座草堂
三十年才琐碎地一点点搭起一座草堂
一行没有尽头的诗用尽了漂泊一词
一个历史　没有败壁颓垣
当千家灯火在一夜那么深的心里祭祀
拈出嫩嫩湿湿的蕊　同一次生成

给我红艳　体内留住的香
薰香此刻　星斗明灭着发芽
我已是又老又美足够洁净那人

3. 青草祭——给邓世平

有一种嫩蜇着孩子们的脚
有一种绿　像轻飘飘的石墙
水一冲就搬迁到地下　反绑的叶子
反绑着孩子　在一个个春天间奔跑

草尖上洇出的那张人脸　踩碎一万次
滋生一万次　十六年前埋下的大雨
和尸首　憋着一口气继续鼓胀
操场是座迁不走的野坟

人形的空　窗口看见那看不见
名字的词　读　课文中梗住的禁忌
他该回的家　绊倒在十六年两边
他的死　死着不能死

青草就长出来了　青草年年生长
一块草坪　绿的湖　摆满刚入学的仪式
青草　带着它的吸管午餐
坐在孩子们中间　还原腐烂味儿　冤魂味儿

他在哭　咽喉淤满泥土
推土机抹平大地　耻辱的坑
无须更深　毛茸茸擦着天边　蔓延
大大的小屠杀　小小的大屠杀

有一种嫩　把孩子们
白天黑夜锁进坟茔
有一种绿耸着栅栏　没人相信的时间
没有期待地向外张望

陈九［美国］

陈九，毕业于中国人民大学、美国俄亥俄大学和纽约石溪大学，硕士学位。先后任职美国运通公司及纽约市政府，并长期从事跨文化文学创作。代表作有小说选《挫指柔》《卡达菲魔箱》，散文集《纽约第三只眼》《曼哈顿的中国大咖》，及诗选《漂泊有时很美》《窗外是海》等。第14届百花文学奖获得者，居纽约。

1. 载我远行

我的伤痛
是你的苏醒
我的思念
是你的梦境

我捧着你的深情
轻轻地吹
怕不小心会
将你惊醒
沉睡的样子好甜
像冰激凌

带你一起奔跑
似小鹿一样轻盈
越过溪水
听满天黄雀的歌声
抽丝一样舞动
漫过晴空

那一天应该很长
很长很长
我们跟太阳有约
不能落 只许升

长天下
碧波万顷

回望你的微笑
像小船
载我远行

2. 让我怎样安息

深秋的风
还有你的远离
在这样的背景下
我的灵魂
开始了安息

别让明早的太阳
将我唤起
能走入极至
同样也算奇迹
让心变成
一块化石一首歌曲
一部不再发动的
发动机

平静与麻木
是姓名与昵称的关系
为什么所有修炼
躲不开尘世的磁力
放弃，就这么简单无比
关上那扇门
把不可救药的激情
推入海底

你的美丽
在你外柔内刚的心里
想起你
这座禅房
让我如何走得进去

3. 与诗人对话

你们的诗集
就是你们的面孔
常凑在一起
到我的枕边痛饮
分不清哪些是
你们的醉语
哪些是我的梦境

有时我也加入你们
当心砰砰跳
与你们疯狂共鸣
撬开紧闭的夜
用闪亮灵感
点燃每一盏星星

可是，你们真的希望
我也加入你们吗
把诗写得句句动听
然后呢？你们说然后呢
跟你们一样
一支手枪
还是几尺软软的白绫

想到这儿
我会哇哇大哭起来
不是惧怕不是
而是由衷地感动
灵魂，当灵魂可以上升
世界就是我的玩具熊

美丽有很多
很多很多蝴蝶似的
在月光下
最终飞上同一条花径
那里有好酒

只会醉不会头痛

赵仁方[美国]

赵仁方，资深传媒人，北美中文作家协会终生会员与海外华文作家笔会会员，擅长中英文写作，品牌传播和跨文化及国际传播。参与并出版了多部译著，如《世界名著鉴赏大辞典诗歌与散文卷》《汽车大王福特》《四世同堂电视系列片英文字幕》与《超越客观主义和相对主义》等。近年在人民日报海外版，美国侨报、贵州日报、以及英文的 US—China Review（中美评论）等纸媒体发表诗歌，作品并入选《法拉盛诗歌节作品集》《北美中文作家 2018 作品选》以及《纽约不眨眼睛》等诗集。

乡愁

乡愁
从路边告别的那一秒
就时时萦绕心头
旅途越走越远
思念越来越浓

乡愁
一丝牵挂　天涯无不同
近在咫尺莫言愁
游子水中望月
何时踏上归程

乡愁
从旅途开始的那一刻
就伴我四海云游
平日深藏潜底
抽刀举杯更愁

乡愁
甲午桂月　悲风愁云起
丁酉正月跪萱堂
泪眼不识萱草
路边不见亲娘

乡愁

旅途漫漫　惟山长水远

人生道路多坎坷

思乡之情再愁

难敌无亲之忧

（2017 年首发　人民日报海外版）

唐生趣经［美国］

　　唐生趣经，广东梅州客家人，教授级高级工程师。旅美三十多年，从事药品研发、药政和质量管理工作。曾作为"海外百名博士团"成员受国务院侨办邀请参加建国 50 周年国庆观礼。偕友在广州创立药品高端制剂研发企业。喜爱诗词，作诗自娱，用诗词记录诗意人生。坚持阳光、易读、合规、有趣四项基本原则。

银行卡

漂亮的银行姑娘，
请你不要笑话我。
我的存款虽然少，
但这是我多年努力的成果。
已经足够买件衬衣，
把我打扮成帅小伙。
明天我就要去面试，
希望老板喜欢我。
等我有了一份工作，
我卡里的余额就会越来越多！

好心的银行姑娘，
请你不要为我哭。
我是靠自己努力，
存钱够买一件像样的衣服。
明天我就会穿上它，
把我打扮得非常酷。
我精神抖擞去上班，
从此对贫穷说不。
等我有了工资收入，
我相信生活就会越过越幸福！

哈金［美国］

哈金，1956 年出生于辽宁金州；美国布兰戴斯大学英美文学博士；美国艺术文学院院士；现为波士顿大学讲习教授，主要教授小说创作和迁徙文学；1990 年开始用英语写作，主要著作有诗集《沉默的间歇》《面对阴影》《残骸》，短篇小说集《词海》《在红旗下》《新郎》《落地》，长篇小说《池塘》《疯狂》《等待》《战争垃圾》《南京安魂曲》《放歌》等；作品已被译成三十多种文字；曾获美国国家图书奖、弗兰纳里·奥康纳小说奖、海明威文学奖、福克纳奖等；《战争垃圾》入围 2005 年普利策奖小说类决赛名单。

1. 不适应

你常常告诉孩子们：
"世界就是这个样子
既然改变不了它
就得学会适应"

这是什么逻辑？
为了苟活，宁愿萎缩——
白天看不清太阳
眼睛就该接受昏暗
驱不散这满天雾霾
就该让肺憋屈地呼吸
假食品泛滥
胃就得更能消化
反正大家同样地活着

长此以往
人类将一代不如一代
退化成野兽
最终变成植物
变成石头

进步都从不适应开始——
人们改变环境，使它适应自己

收起你那套入世哲学吧
还是让孩子们学会不适应

2. 石榴

再下一场雨它们就会裂开——
龇牙咧嘴，在曾经
挡住它们面颊的
密叶之间微笑。
我将为这些石榴拍张照片，
给你———只给你
一个人看。你和别人一样
多么馋这些
果实，却忽略了
鲜红的花朵
曾被虫子和风伤害。
你无法想像
有些花朵会结出
这么沉甸甸的骄傲。
告诉你吧，它们真酸。

3. 失去的月亮

就这样，我也丢掉了月亮
浑噩中把一张笑脸
当做全部光源和希望
并跟它走进了黑蒙蒙的森林
从此再看不清天上的风光
怎样跋涉，怎样搜寻
也找不到曾经翻越的山冈
如今黑夜和白天没有两样
时光都消磨在电脑和手机上
其实我早就明白
那张笑脸不过是皎洁的幻象
但我已经不会像祖先那样

仰望明月高悬在马前或路旁
好捎话给友人和故乡
我飘落到祖先没听说过的地方
须活出另一种坚强

4. 中心

你必须守住自己安静的中心
在那里做只有你才能做的事情
如果有人说你是白痴或疯子
就让他们饶舌去吧
如果有人夸专一
也不必欢喜，只有孤寂
才是你永久的伴侣

你必须守住自己偏远的中心
天摇地晃也不要迁移
如果别人以为你无足轻重
那是因为你坚守得还不长久
只要你年复一年原地不动
终有一天你会发现
一个世界开始围绕你旋转

昔月 [德国]

昔月，现任中欧跨文化作家协会副会长，德国《华商报》专栏作者，中华诗词学会和中国楹联协会会员。大量散文、游记和诗歌散见于国内外众家纸媒、网站和微信公众号里，著有散文集《两乡情苑》和诗集《昔月短诗选》。亦是德国环保义工和素食者。

1. 思念是什么

思念是天平
这边称着他乡爱
那边量着故乡情

思念是道虹
左端照着美茵河
右端映着兴安岭

思念是风筝
欧亚大陆来回飘
身后系着一根绳

思念是候鸟
千山万水只等闲
南来北往击长空

思念是摆钟
心锤重重无处落
一下西来一下东

思念是张网
扯着你我拽着他
心有灵犀一点通

思念是文字
点点滴滴化春雨
敲敲打打吐心声

思念是画卷
展开宏图千万里
回归浓缩一帘梦

2. 赞美你——母亲

当爱的种子不断膨胀
子宫被撑起一座珠峰
你露出蒙娜丽莎式的微笑

当珍珠出蚌的那一刻
你声嘶力竭地呼喊
终于荣获了"母亲"的称号

当你享受月禁的日子
汗水伴着血水往下滴落
胸前还自动开启两河通道

当乳泉渐渐干涸
宝贝会喊妈妈了
万般辛苦的你喜上眉梢

当孩子长成帅哥靓女
你的眼神犹如追光灯
他们走到哪儿你就往哪照

当你晋升了祖母
走路不再风风火火
还情愿为孩子的孩儿操劳

当你耳聋眼花的时候
只要儿女来到身边
再迟钝的你啊也能感觉到

当母亲节到来的时候

无论你在天上还是人间
都能收到衷心的祝福和祈祷

郑南川[加拿大]

郑南川，旅加华人作家、诗人，世界汉学会加拿大学会会长，加拿大华文著作独立出版发行人。 出版个人诗歌集：《一只鞋的偶然》（英中文双语，加拿大出版），入围 2015 年美国最大的纽约"独立出版人图书奖"；《堕落的裤裆》（台湾出版）；《我和"我"的对话》（美国出版）；《A Life Mailed Out》（英文版-亚马逊出版）；《一根线的早晨》（英中文双语，加拿大出版）等。个人小说、文论集五部。编辑出版华文作家作品文集五部。获多项文学专业诗歌、散文和小说奖。

钱币上的想象

钱币上全是头像
而且都是人物
可以选择个人的喜好吗
我想在图案上放一双
我的眼睛
让你们猜猜
我盯住了什么

张琴[西班牙]

张琴，诗人、作家。西班牙伊比利亚诗社终身荣誉社长。出版诗集中西双语《天籁琴瑟》《落英满地我哭了》《冷雨敲窗》《西班牙华文诗人诗集汇编》，散文集《田园牧歌》《琴心散文集》等十多部着作。2020网络纪实文学连载《守望村庄的女人》。海外华文作家、世界诗歌大会终身会员。世界诗歌大会荣誉文学博士，香港诗人"圆桌"荣誉奖。

1. 潮汐与莲

那一刻　潮汐　碧绿
映像出蓬莲
半个世纪前　你
"制芰荷以为衣兮，集芙蓉以为裳。"【注】
携带着东方古老元素
从此　把离殇化为千古经典
去到西海岸

从那开始
让青春绘制出一帧帧画卷
连那些霓虹灯下的神女
也能与你交心成为红颜
你总说自己是地球村人
不愿意让贵贱有分界线看穿世间冷暖

你行程何止万水千山
心胸又何止海纳百川
最终　你把
东方的　西方的　世界的
还有地球村的剪影
永恒在人类的墓志铭

从此　世界知道有一个东方少年
你离开时　什么都没有带
最终羽化成蝶

此刻，潮汐涌来淡淡的幽香
并不奇怪，似乎又看见你回到家园……

注：屈原《离骚》
2015 年 12 月深圳"莲花杯"世界诗歌大赛铜奖

2. 写意情人节

二月的春风
又挂满了梨花
八年前满树的蓓蕾
还是没能启开您的"书斋"

今日所有的凋零
已披上绿叶　可
再也等不来那一只报春的鸟鸣

一阵晨鸣破窗入室
今天一声问候
是来自于伊比利亚半岛的琴声

久违的海风
携带着你留下的余香
把它插入了心田的花瓶

临终的时候
您告诉我不要关闭心扉
有琴声就有回音
我说不是每一首旋律都能找到共鸣

（选自《冷雨敲窗(组诗)》）

轻鸣［美国］

轻鸣，毕业于北京大学和美国圣路易斯华盛顿大学，现在美国首都华盛顿一所大学东亚系任教。诗作二百多首发表于《诗刊》《诗歌月刊》《创世纪》《新大陆》《诗殿堂》等文学期刊，入选多种诗集并多次获奖。

1. 野牛

插满剧痛的石矛闯进岩壁，数万年来
空寂的山谷依然回荡着我的怒吼
暴躁的性情强力撞击四季的反复
血凝为夜的黑暗，骨融入雪霜的皑皑

生前的时光，片刻不歇地回旋激荡
尽兴狂奔，云霞蒸腾，追逐绿到天边的草莽
四足践踏山颠，风干满身热汗
远望太阳在清凉的长河中浸泡洗浴

为了一片肥美的水草，为了一次纵情的交欢
或者什么都不为，就与伙伴对顶、角斗
争得血流头破，当凶残的虎狼来袭
又一致对外，拼得我活你死

哞、哞、哞...从眼前缓缓而过
牠们如此温顺温和，鼻子穿着绳索
玩命拖拉长短方圆的木头拼凑的怪物
我的仇人，两腿行走，皮条挥舞

这，也算是一种活法？压抑的愤懑
像沉寂已久的岩浆开始沸滚
如同野火，血恨的欲望烧得我勃起生机，一头
冲出死的桎梏，全力冲向人间

66

2. 行者

天边
落日的狂瀑
奔腾而来
冲刷荒原锈蚀的纵横
闯入绝壁的鱼儿瞪大眼睛
无望地望着远方的流沙
太静了
唯有死去的心声
消逝的跫音
已往的笛鸣
依依缠绕浑茫的寥廓

一身孑然的行者

雪迪［美国］

雪迪，生于北京。出版诗集《梦呓》《颤栗》《徒步旅行者》《家信》；著有诗歌评论集《骰子滚动》。1990 年应美国布朗大学邀请任驻校作家、访问学者，现在布朗大学工作。出版英文和中英文双语诗集 9 本。作品被译成英、德、法、日本、荷兰、西班牙、意大利文等。英文诗集《普通的一天》荣获 Jane Kenyon 诗歌奖。荣获布朗大学 Artemis Joukowsky 文学创作奖，纽约巴德学院的国际奖学金和艺术学院奖，兰南基金会的文学创作奖，二度获得赫尔曼-哈米特奖。

1. 停止

痛苦的爱，爱中的痛苦
对于花费一生的时间
试图看见灵魂的人
只是当他穿过自己的
肉体时，艰难的感觉
如果停下，你就
永远沉陷进肉欲
总在血液奔涌时听见
心灵在遥远的地方
难过的低语声。如果
转身，向来的方向走
你把那些干过的事儿
从结尾向着开始
朝着不同的方向，再干
一遍。你会明白：死亡
是灵魂厌烦了一具肉体
出生是灵魂借用肉体
这支乐器，弹奏一小会儿
也许是歌唱。对于
整整一生，在感觉中
倔犟地跟随心行走的人
那是一痛苦的歌唱
歌唱中的痛苦

2. 湖中的湖

安静的旅行者使这个湖
成为圆型。麋鹿在这儿汲水
落日更长久地，为走的很慢的
幼鹿照耀。湖底的盐
使哺乳动物的性格温驯
宁静的湖水清晰地显映出
那些食草动物的高贵品格

那些我们在陆地上失去的
在火中结束的，被孤独的鹿群
一代一代传下去。沿着干净的水道
他们生长和移动，使残存的
树木聚集成树林；使一片清水
幽雅地扩展成一座湖
隐藏的湖，日出和日落时
含满白银。盐水在出世的阒静中
培养啜饮者的品格。然后是
一小股人，乘坐独木舟
穿过水峡，来到这儿

安静地坐着，盼望看到
饮水的麋鹿，他们
将把这些诗意的崇尚者
带往那座失落了很久的家园

陈铭华[美国]

陈铭华，1956 年生于越南嘉定，1979 年定居于美国洛杉矶。1989 年洛杉矶州大电机工程系毕业。中学时期开始写诗，1990 年 12 月偕诗友创办《新大陆》诗双月刊，兼任主编。着有诗集《河传》（1991）、《童话世界》（1993）、《春天的游戏》（1996）、《天梯》（2001）、《我的复制品》（2003）及《防腐剂》（2009）等。1996 年诗集《春天的游戏》获台湾侨联总会［海外华文著述奖］诗类首奖。2010 年获第 12 届亚细安华文文学奖。现职电子工程师。

1. 摘星人

树说去睡没睡
夜长双臂更长
一手轻抚月亮脸庞
一手假装随风
上下摆动
　一　粒
　　一　粒
将星星
放入梦里
浪游的背囊

2. 旧雨

加州彷佛从来不下雨……
我却常常在大雨中回家……
生火　烫酒　写诗……
想尽办法把自己拧干……
但总有那么一滴留在战后……
余烬里不肯干的泪……

（1995 年 12 月 23 日洛城）

顾艳［美国］

顾艳，文学教授。毕业于浙江大学中文系。中国作家协会会员。1981 年 3 月，在《北方文学》发表处女作。曾访学于伯克利加州大学、夏威夷大学、斯坦福大学，并被斯坦福大学东亚研究中心邀请做以"辛亥革命"为题的系列讲座。在《人民文学》《作家》《大家》《钟山》《花城》《上海文学》等刊物发表作品。有作品被《小说月报》《小说选刊》《中华文学选刊》《散文选刊》《诗歌选刊》等刊物选载。出版著作 28 部，现旅居美国。

1．伤口

天色已近黄昏
大海像倒韧一样锋芒闪光
切割陈年旧事　伤口
吞咽不幸和艰难
我的微笑遮盖疼痛
静默中，鸥鸟的磷火升起
心在一只柔情的手臂中醒来

海风吹拂岩石的静谧
吹拂夕阳下金色的烟尘
一种声音喷涌而出
打碎神性沉默
夏天无边无际

拔掉扎疼我胸膛的毒刺
我的翅膀穿越云雾
以飞翔之姿
倾听黎明中的涛声

大海以无限的爱怜
泛滥我的血气
让我的伤口瞬间无影无踪

2．独居

深秋的冷风掠过眼睫
我恪守独居
就像城堡中的女王
酒，诗歌与器皿
这俗世生活中的光芒
让我幽闭如花

西边窗棂前的蝴蝶
斑驳羽翼
曾经巅沛、流离、饱尝辛酸的泪水
回漫一生
一种疼痛像伤口一样溃烂

我静静地从风中走过
没有惊惶、没有悲伤、没有绝望
幻想的衣袂翩翩而飞
月色中举高的酒杯，伴着
我苍凉的耳轮
仿佛大彻大悟，一个人的舞台
寂寞而崇高

岩子[德国]

岩子，女，本名赵岩。中国诗歌学会《与喜欢的人一起读》栏目主持人。中德人文交流研究中心《中德四季晨昏杂咏》专栏作者。欧洲华文笔会副会长。上世纪 80 年代出版了第一本译作，90 年代留学德国，21 世纪走向写作。国内外已出版译著或合集十余部，其中有《上钩的鱼都很美》《轻听花落》《今晚月没来》等。曾多次获得海内外散文诗歌翻译奖。现居德国。

我与未来

一
我没有未来
抑或我的未来
是将要失去的生活
坦白而言，我并非想往未来
可未来却一厢情愿地奔我而来
不由分说

二
有人说，回忆是衰老的象征
可他为何不再把目光投向未来？
看见了么，不远的前方
几乎所有的路人选择性失明
连同心理学家
有意或无意
那个手持镰刀的家伙？

三
我既没有在秋天巧遇女娲石的奢念
也不想虚构春天
去安抚老
花的眼睛
我更愿把自己
禅定于当下，以觉悟之光
照亮每一天

采摘每一天
于她枯萎之前，把每一天
都生活成
最
后
一
天

梦娜[荷兰]

李民鸣，笔名：梦娜（Mona），定居荷兰，荷兰《联合时报》专栏作家。1990 年开始发表作品，散文、诗歌都曾多次获奖。诗歌、散文、随笔、纪实、小说等散见香港、内地、国外报纸和文学刊物。欧华新移民作家协会主席（创会会长）、《欧华新移民文学》报纸专栏创办人、北欧文学社名誉主席。曾参加编审《与西风共舞》出版。出版长篇小说《飘梦侬华》、诗集《最初的郁金香》《瞭望的风车》等。

1. 四月飞雪

世界又白了，突然在一天清晨
乌鸦第一次有了智慧的眼睛
只要剥光了虚伪
才能迎接纯洁的梦境
所有压抑的恐惧汇集成一种声音
人类将成为雪的化身

山上的绿，池中的鱼
铺满梨花的银粉
黑你很容易，但白，却无法复制
很多记忆深处的颜色
不一定要有回声

所有的睡眠在枝头聆听
一条河流甘愿被冻结后下沉
千万个明亮的窗口
在每个人的枕前留下朵朵白云

天空有时候就是如此诡异
无论你是何等聪明
玩弄多少心机
一切都经不起一场雪
大白天下

2. 城市从杯口经过

它在巨大的壶里沸腾
在开口时有节制地咆哮
伤口的暗红流出来
该要有多大的爆破力
才能将爱情这洪荒的苦涩
碾成甘甜的春意
在每一个人的唇边 浮沉

最初的烛光中
燃烧细枝末节的思维
续杯 千里的火云被烧空
一场寂寞的倾诉过后
红唇 烧焦的过程
城市慢慢从杯口经过
离情别绪 撑起街道的沉思

渐行渐远 凝眸的人

章平［比利时］

章平，原浙江青田人，1979年移居荷兰，现在比利时。作有《章平诗选》、长篇小说《冬之雪》《红皮影》《天阴石》《桃源》《阿骨打与楼兰》等。另发在国内外各大刊物等有中短篇小说二十多篇。诗《飘雪》曾获94年《诗刊社》与人民保险公司举办的"人民保险杯"一等奖，同年十月小说《赶车》曾获世界华文微型小说"春兰"杯第一名。2009年十月获中山华侨文学奖。闲暇时间画画。

1. 白马黑马

不知道你要骑白马还是黑马？！
不知道你会骑白马还是黑马？！
不知道你骑白马还是黑马来？！

骑白马的是不是欧洲白人？
骑黑马的是不是非洲黑人？
亚洲人去哪里找一种黄马？！

骑白马来的是不是生白病？！
骑黑马来的是不是生黑病？！
我们骑在生活里的马被放高利贷

白天骑一匹白马来
黑夜骑一匹黑马来
谁有高明的医术医治白马之白黑马之黑

2. 生命把一块石头掷向天空

生命把一块石头掷向天空
我以为自己是一块会飞的石头
以为石头会变成夜空的星星
我有翅膀吗？！
触摸到两只手臂

我落了下来
在荒野滚动两米或三米
我那一点动静
连深夜池塘里一个轻微声响都不是
也没一个路人来听着
我自己听
紧接恒久的寂静
一个可以失眠的夜晚
猜想，庄子写哈姆雷特写出
我的心结——千万个哈姆雷特的一个

雷厉风行［美国］

毕业于郑州大学医学院。来美后获博士学位，其后考取美国医生执照，辗转东海岸多个城市行医。现定居于大华府地区的马里兰州。爱好文学及诗词，为华府诗友社永久会员和理事，华诗会会员。诗词作品曾刊登于多种报纸、网站和微信公众号，主编出版过两本诗集。

俄罗斯套娃

排在队伍的尾部
牌位一个比一个高大
闪动的香烛
召唤着骑士和战马

风刀霜剑袭来
祭出一层层盔甲
山高路险
翻晒智慧之花

盔甲可以防身
也禁锢潇洒
该不该传给
下面的娃

干枯的玫瑰
雷厉风行
瓶中枯萎的红玫瑰
挑动不甘心弦
情人节刚过两周
通体的激情已化为云烟

曾经含苞的羞涩
让目光学会了偷窃
怒张的红唇
诱来扑火的飞蛾
楚腰丰姿

影刻在私密心间

刚过四周
你已蜕化成木乃伊
花瓶依旧
供奉着清亮水源
就让岁月
把你我一起熬干

哈雷［新西兰］

哈雷，中国作家协会会员，新西兰华文作家协会副会长，中文书刊网总编辑、编审，福建省文联委员。中国作家协会第九次全国代表大会代表，参加第六届中国《诗刊》"青春回眸"诗会。曾创办《东南快报》《海峡诗人》杂志，出版《零点过后》《纯粹阅读》《都市彩色风》《花蕊的光亮》《寻美的履痕》等十多部诗歌、散文、评论、纪实文学等专著，部分作品被《新华文摘》及各种诗歌年选转载。主编"福建桂冠诗人丛书""映像"系列丛书数十部。现居奥克兰。

1. 灯泡

玻璃是一件透明的袈裟
有沁凉的皮肤
光明的心

时间，一直寻找那里的经文
它裹紧自己，不让尖锐
与黑暗，划出伤痕

一个苦修者
打座在钨丝上，只是轻微摁住良知
温暖和明亮，便洒满人间

2021-03-20 奥克兰母国春分日

2. 崖岸

黄昏，悬崖躺了下来
并对大海呵斥几句
踢它几脚（它曾容忍过大海无数的脚浪）
它要让海水收拢起双手，站成仆人
它像一个忙了一天的油漆工
痛痛快快洗个海水浴

秋风扑来，成片的落叶在身上旋转
霞色将沐浴露捺在它的皮肤上
它想唱歌，它有我老父亲一样结实的牙齿
啃得动大鱼身上任何一块骨头
暮色即将消逝时，它会更加亢奋
隆起肱二头肌——这是它最壮美的时刻
在地球的一侧倾角
它可以随意裸着，也可以让浪峰破碎
可以掐断风声，也可以放走乌鸦
还能拖着一棵大树朝天空走去
它从来不把海放在眼里
海如此渺小，你瞧
烟蒂那么点大的落日
就能将它全部点燃

梓樱[美国]

医学背景，移居美国 22 年，现任职于大学教学实验室。各种文体的作品发表于海内外 40 余种报刊杂志，并被收入 30 多种书籍。著有散文集《另一种情书》《天外有天》《恩典中的百合花》，诗词集《舞步点》《就这么爱着》等。获得各种文学奖 20 项。曾任网络期刊主编；参与多个文化社团创办。纽约华文女作家协会会长，海外华文女作家协会会员，北美中文作家协会会员，纽约作家协会会员。

1. 爱，是一生的修行

你从山的东面
我从山的西面
攀援而上

看不见你
只闻山顶的鸟儿
在歌唱

我几次失足
险些跌落谷底
风霜打在背上
也令我沮丧

是否要用一生
才能攀上山顶
是否要汗流成河
才能洗净瑕疵
是否啊
永远期盼不到
灵魂合一

风儿送来你的声音：
别想太多　只管攀登
爱
是一生的修行

2. 就这么爱着

秋风，吹醒默默相思
黄叶，舞动绵绵爱意

就这么爱着
把一声声祝福
托付秋风，寄语黄叶

大洋这边的你
大洋那边的她
交集于生命的个体
都装在柔软的心底

就这么爱着
就这么想着
壁炉中跳跃的火焰
是你灵动的身影
干柴噼啪的呐喊
是你心中的讴歌

爱的电波
燃起希望
思念的磁场
沸腾着血液

就这么爱着
从青丝到华发
就这么想着
从缤纷到萧瑟

不在乎地老天荒
不在乎谁能知晓
只把自己，沉浸在
感恩的季节
思念的海洋

鲁鸣 [美国]

真名陈鲁鸣。鲁鸣，纽约诗人。当过农民、中学语文老师、大学哲学和心理学讲师，现在从事信用风险分析。毕业于南开大学哲学系和社会学系，哥伦比亚大学社会医学系社会心理学专业。最早中文网络诗刊《橄榄树》创办人之一和编辑。已出版文集《缺少拥抱的中国人》，长篇小说《背道而驰》，诗集《原始状态》，专著《软能力》。作品多次获奖，被选入多种文本。台湾首届双子星新诗最佳奖获得者。海外中文笔会会员。北美中文作家协会终身会员。

一个人死了

一个人死了
你说不出任何话来

我们都要死的
他和我们有什么相关
很多人是这样想的
享受今天的饭菜

你的心脏痛得很厉害
独自下楼吃了面包和牛奶
想着这个人死后
和我们的未来

他是那个时代的镜子
碎了，再也照不出我们
往日的胸怀。或许
你的疼痛是和这有关

这个人死了
你的沉默大过悲哀
顺着小镇中心
走了一圈又一圈
就把他给忘了

一个人死了
还有很多空白

薛凯［美国］

薛凯，故乡为江苏南京，在中国和美国居住过多地。目前居住在威斯康星州并执教中文于公立高中。2018 年获得过全州最佳年度优秀中文教师奖。为芝加哥华人诗学会理事会会员，《诗殿堂》双语诗刊英诗部和拓展部主任。当地交响乐团合唱团会员及国际象棋俱乐部会员。诗歌发表于杂志和诗集，除了读诗写诗外，爱好翻译诗歌，唱歌，为诗词谱曲以及下国际象棋。参与翻译了《换言之-威斯康星诗人汉英双语诗》In Other Words-Poems by Wisconsin Poets in English and Chinese(Lisa、Sylvia 主编，徐英才、薛凯翻译）一书。

花生

勇敢
脱去外套
羞红的脸
展现的
是
醇香，洁白
和坚贞的心

韩舸友［美国］

韩舸友，大学教师、旅美华侨，中国诗歌学会会员、贵州省作家协会会员、美国洛杉矶华文作家协会秘书长、北美洛杉矶华文作家协会会员、美洲文化之声创始人。作者创作诗歌散文作品800余篇，并多次获奖，部分作品被翻译成中、英、蒙多种文字发表，世界诗歌年鉴英文版2015年、2019年两次收藏其作品，并进入77个国家和联合国教科文组织图书馆。代表作有《情殇》（2013）等。

1. 情殇

爱过
恨过
再伤的爱
还是不愿错过

梦过
醒过
梦醒时分
只剩孤单的我

冷寂的夜空
流星
从心上划过
却带不走
往日的伤痕与过错

凭栏
独酌
香醇的酒
今夜
已充满苦涩

2. 那一季的爱

那一季
寒风凛冽
我将初恋的朦胧
一丝丝掀起
在你的怀抱中
变成沙
化作水
一点点融入温暖的身躯

那一季
春暖花开
我是抽丝的茧
一层层
将紧裹的羞涩剥去
袒露
如玉的肤肌

忘不了那一季
落叶飘飞
你踏着我的泪光
消失在深秋的风里
思念的痛
像一片片落叶压在心底

时光荏苒
我用残缺的茧
将风留下
将雨拾起
将一生的快乐和祝福
紧锁
在那个失落的雨季

（那一季的爱（诗五首）选 2）

少君[美国]

少君，1960年出生于北京，1978年考入北京大学学习声学物理，曾任职中国《经济日报》记者，美国匹兹堡大学研究员，并兼任中国厦门大学、华侨大学、南昌大学教授等职务，现从事IT工作。

1. 夕阳

人们夸赞你如何美丽，
象站在山后的羞涩少女：
　　头顶着华彩的光环，
　　脸露着艳丽的笑意。
可谁能知道？
你半掩在山后的躯体
　　正在消失、沉沦，
殷红的彩霞，
是你吐出的最后一口血丝。

2. 北斗星

有人说，
　　你能盛满星斗，
所以，
　　是个大大的勺。

我却说，
　　你能在无垠中永不失散，
因此，
　　是个最大的问号。

（选自《未名湖组曲》）

天端［美国］

天端，杭州人。1982 年浙江大学化工系毕业，1985 年留学美国，从事激光散色方面的研究，获物理化学博士。业余写诗，为中国诗歌学会会员和中华诗词学会会员，主编了《诗行天下—中国当代海外学子诗词集》（2010 年作家出版社出版）、《天涯诗路——中国当代海外诗人作品荟萃》（2013 年现代出版社出版），《海内外当代诗词选》（2017 年光明日报出版社出版）等。英汉双语个集《尘微大千——天端微诗 365》正在出版之中。

1. 服刑

我们一出生就是为了和时光诀别
只是苟且于缓刑

而罪名
早已被印在了判决书，只是你只能
一天翻阅一页
直到阅尽千帆，阅尽世微
阅尽最后一个句号
你才能，俯首签字
是否膺服

你无期是役为匠
在囚禁你的花圃，修剪你的刑期
你栉风沐雨，劬劳辛苦
一寸一寸地，为自己减刑
你最终，剪到了
泥土

2. 斑马线

放倒梯子
你拒绝把人送上天堂

李笠[瑞典]

李笠,诗人、翻译家、摄影家。1961 年生于上海。1988 年移居瑞典。出版《栖居地是你自己》《原》等 6 部瑞典文创作的诗集,2020年出版《目光停止处》,并获多种瑞典文学奖。2016 年出版中文诗集《雪的供词》,2017 年出版诗集《回家》;他翻译介绍了人芬兰女诗人《索德格朗的诗歌全集》,2011 年诺贝尔文学奖获得者瑞典诗人《托马斯·特朗斯特罗姆的诗歌全集》等北欧诗人。此外,他出过摄影集《西蒙和维拉》等。

1. 这玫瑰

跟里尔克和布莱克的玫瑰
不一样——简单
风来了,她吐露芬芳
风去了,她吐露芬芳

跟客厅里的玫瑰也不一样
她在暴雨中跳舞
把抽打当作掌声
谈玫瑰,你必须说:这朵!

跟我在别处看到的玫瑰
都不一样。她是我种的。她
让我每天清晨走向阳台

她高过教堂,磨亮月亮
她会凋零,但不会
背对我。她微笑着看我向她举杯

2. 花园佚事

我在世界最安静的地方：一座
花园；听见体内的血流成瀑布
草像煤气的火苗嘶嘶摇曳
它们为孤独鼓掌：把静当盛宴

凝神是大声歌唱：堕地的苹果
不停抚摸我的目光，渴望
我能咀它——回到母亲的子宫
一些词荡响成隐约的钟声——

"岁月......一次旅行......无需目的"
感到身体（灵魂）是一股烟雾
在山谷里悠缓飘浮。蝴蝶在飞

人类并不存在。静，纵情歌唱
为一个意义像盘根，形式
与元素像潭水的世界。诗翩然而至

赵汝铎 [美国]

赵汝铎，笔名，冬雪，1961 年出生，美籍华人。原为辽宁省作家协会会员、中国诗歌协会会员。纽约华文作家协会会员、北美中文作家协会终身会员、海外文轩作家协会终身会员。曾出版诗集《雪梦》《送你一片温馨》《等你，在岁月的河边》《教育素质诗篇》，电视长篇小说《战火轻音》等九部专着。散文、诗歌作品数十次获奖。诗集《等你》在 2019 年获台湾"海外华文着述奖诗歌类佳作奖"并被纽约市皇后区法拉盛图书馆馆藏。作品散见华文报刊杂志。

人性的呼唤

依然是黑夜和黑夜里那盏灯
我看见我的眼睛　注视
那盏灯芯里燃烧的黑子　飘过

心的麻木和冷漠　在一本
厚厚的词典里　碎语
正与黑子的细胞　组合
仿佛与谎言相爱　原点
从生命走向　宇宙长河

瞬间　我的躯体　灵魂
被"潘多拉"释放的病毒　侵蚀
那盏燃烧黑子的火苗　在焚烧
麻木与谎言中　我深深地陷入
正像一只迷途的鸽子　飞进误区
透过玻璃窗　在消毒水的薄雾里
看那一幕　我感慨流泪　我悲痛心伤

我要用我的人性　呐喊
唤醒　那些任性麻木的草莽
用爱的温暖　拥抱
黑色风暴过后的曙光
虽然　黑色疫情　正在燃烧
但我们愿用流淌的血　熄灭

让阴霾下罪恶的灵魂　哀嚎
生命　无异于死　甘愿
留下　无悔的夕阳
因为　我们大爱无疆

蜂王［美国］

黄智勇，美国密歇根州立大学终身教授。主要从事与蜜蜂有关的科研、推广和教学工作。蜜蜂第一（SCI 百篇），摄影第二（小蜜照片几万），偶尔写诗（多数为蜜蜂）。其它时间旅游、钓鱼。有个人公众号（小蜜爱人 beelover）专门科普蜜蜂。

蜂恋

想你
就去尝尝蜜
蜜还是如常的甜
一如我们的约定
在几千年前

细听
有你喃喃的声音
你衣衫舞动
隐隐有花的香气
闭眼
感受你从天空而来
像是使者
来自上帝
我晕眩
不知是被你迷倒
还是血糖太高
应该是你的美
还有你深藏的针
它们
都让我战栗

（2019.8.20）

雅诗兰［日本］

雅诗兰，旅居日本，国际当代华文诗歌研究会研究员，NZ 国学诗词艺术协会编辑。有作品在《中国诗歌网》专辑全国原创儿童诗和现代儿歌创作优秀作品中被展示，以及在中国大陆、台湾、香港、海外的文学网络媒体和日本俳句月刊上发表。

无声世界很美妙

太阳是无声的
它的话语
照亮了心田
连向日葵都一心向上

月亮是无声的
它的话语
柔美了世界
连梦都是糖果色的

花儿是无声的
它的话语
点缀了四季
连风都带着香味儿

光影是无声的
它的话语
跳跃在叶缝里
连枝桠都喜欢写诗

雪花是无声的
它的话语
蓬松了枞树
连礼物都藏在星星的下面

思念是无声的

它的话语
滴落在湖里
连水面都泛起了涟漪

文字是无声的
它的话语
被美善拣选
连童话书都要洁净的字呢

（2020 年 12 月 16 日 16:05 作于日本横滨）

冰花[美国]

冰花，英文笔名 Bing Hua，曾用英文笔名 Rose Lu，本名鲁丽华，1962 出生，冰花被誉为"情诗皇后"等。90 年代移居美国。现为华人诗学会副会长，汉英双语纸质诗刊《诗殿堂》内容总监。

出版主要著作有诗集《冰花诗选》（Selected poems of Bing Hua）（汉英双语，徐英才译），《这就是爱》（This Is Love），《溪水边的玫瑰》（Roses By The Stream）（2008 出版，2019 年以汉英双语再版，王大建译）等。与著名翻译家诗人徐英才共同主编享誉海内外的《世界抗疫诗精选》《世界华人经典诗选》等。

其诗歌被翻成英、德、韩等多国文字。其诗曾获第 31 届世界诗人大会金奖等。冰花诗独特的自然、清新、真挚、哲思的风格被称为"冰花体"，冰花诗歌的影响力被文学评论家称为"冰花现象"等。

1. 双面扇

一面是春
一面是秋
你是那春
我是那秋

春与秋
一纸之隔
天涯之遥

春与秋
常有相同的温度
却永远不属于
相同的季节

（2009 年 3 月 21 日）

2. 秋天的玫瑰

你踏着秋叶走来
带着迷人的微笑
你点燃了秋天
把世界燃烧
让静水泛起波澜

你挥手
化腐朽为童话
让传说悄悄启航
秋天的多彩 不是梦

叶 不再嫩绿
却有风霜的饱满与沧桑
寒秋中 唯独你的胸前
有春天的温度
街道上 两只小鹿在奔跑

不必羡慕鸟飞得高
不必梦想做富豪
只要
这样的深秋
一起畅饮浓烈香醇的酒

枫叶作证 一幕幕故事里
闪过最纯洁的泪光
你与她都是主人公
前方 一株玫瑰
迎风 向阳 开放

（2011 年 11 月 7 日）

3. 岁月之光

岁月

像条弯弯曲曲的路
渴望的风景
总被错过
无数的弯路
无数的错过
叫人不敢迈步

太阳西下
燧石撞出火花
火烧云
令人震撼
渴望的风景
突然出现

可是呀
月色
还有月色的沧桑
已注入发根

流不出的泪水
将岁月弯弯曲曲的路
冲成港湾

港湾
摇出春天的帆船
梦寐以求的风景
有了新的传奇

月光下
白色的发根
比红玫瑰更艳丽
那是
时间玫瑰
在放射炽热的生命阳光

（2018 年 12 月 12 日）

虹影 [英国]

　　虹影简介　著名作家、诗人，中国女性主义文学代表之一。代表作有长篇小说《饥饿的女儿》《K-英国情人》《好儿女花》《罗马》等，以及《上海王》等旧上海系列小说；诗集《我也叫萨朗波》、散文集《小小姑娘》等。近几年完成了"神奇少年桑桑系列"五本、《米米朵拉》等小说。六部长篇被译成 30 多种文字出版。多部作品被改编成影视作品，是电影《兰心大剧院》的原著作者，该片入围威尼斯电影节主竞赛单元，由巩俐主演、著名导演娄烨执导；曾获纽约《特尔菲卡》杂志"中国最优秀短篇小说奖"，长篇自传体小说《饥饿的女儿》曾获台湾 1997 年《联合报》读书人最佳书奖；《K－英国情人》被英国《独立报》（INDEPENDENT）评为 2002 年十大好书之一。2005 年获意大利的奥斯卡文学大奖"罗马文学奖"。

1.　暮色

望上去是蓝，
蓝成一种低沉的哭泣
灰烬吧，家乡变成如此
如你所说
纪念父亲的死
还有我的死

那蓝成了一股冷冷的气，我用袖子
挡了挡脸
死神
落进了衣服的折皱里
如你所说
纪念母亲的死
还有你的死

2.　预言家的舞

寺庙里有伴舞

小小的脚，粉色的花盛开
佛笑了
地狱厚了三尺
装下更多人

上楼的时候
你蹑手蹑脚，呼吸如鱼
小小的嘴吐出一个新鲜的世界

雪川［美国］

雪川，真名戴强。定居美国二十余载，从业于生物科技，喜诗。偶有习作刊于《新大陆》诗刊、《海峡诗人》《世界日报》及北美《侨报》等。

1. 轮渡

用目光，与岸握别
像告别一位旅店的侍者
岸，比水还雍容温软
从掌中，从指尖滑脱了
在渐远的水边
站成模特般冷艳的楼盘

尖利的风从北极吹来
刮过拥挤的甲板
把满船的脚印在船尾扫落
疲惫的脚印会在海水里沉淀吗
那会把宽宽的海峡渐渐填满

越来越短的摆渡
竟然不够展开一首短诗
一杯滴了乡愁的咖啡
刚刚搅匀，彼岸的唇
就在杯的另一边预备系缆

哪一边都不是家
唉，一粒阉割了根须的种子
只能在风中滚过泥土
今生，我不再有岸

2. 金钉历史遗址感怀

这条铁路
比祖爷爷走过的路要短些
祖爷爷的年龄
也比铁轨要长

憩在父亲的脖子上
我抬头，看铁轨向两端
伸向远方，父亲说
铁路像扁担
一头挑着大西洋
另一头挑着太平洋

下地走路的时候
铁轨总比我的影子更长
不论在清早还是晚上

是盘着粗黑辫子的祖爷爷
和他不同肤色的弟兄们
手拉着手，翻山越岭把铁轨扛来
他们仆倒，就变成枕木
背负铁轨的是他们的脊梁

我和我的弟兄们
在铁轨的平行线上
也拉起手来，我们的肩膀
正托起两个大陆的重量

（注：1869 年的 5 月 10 日，第一条横贯美洲大陆的州际铁路在美国
犹他州的 Promontory 合拢接轨。美国 2007 年发行一枚 25 美分硬
币，图案为金钉与两部蒸汽机车车头，纪念这一事件，而使这段历史
成为犹他州的硬币标志。该铁路的铺设过程中，华工作出了杰出贡
献。谨以此诗献给他们。）

达文[美国]

广东台山人。毕业于华南工学院，UCLA。广东"原流"现代诗集团成员。现为洛杉矶"新大陆诗刊"编委。洛杉矶华文作家会员。作品发表于《原流》《一行》《新大陆诗刊》《作品》《诗神》《秋水》，世界日报，国际日报，侨报，并被收入《悠悠秋水 -- 秋水20周年诗选》《世纪在漂泊--北美华文新诗选》《百年诗选》《21世纪世界华人诗歌精选》等多种诗歌选集。创作经历被收进《台港澳暨海外华文新诗大辞典》。出版个人诗集为《气候窗》(1993)，《凡风港》(1994)，《四方城》(1995 - 四人合集)。

1. 冬天的问候

冬天没有来信很久了
你还在守候那片火光吗
在我们分手的时候
星星已经烧得发白
像一堆灰烬　时光变得很薄
两个恍若隔世的梦飘忽得时远时近
我们都在相异的气候中各自流离失所
只剩下一点烛影　夏天都很寒冷
你说过不用回忆羁绊踉跄的步子后就沉默了
而我一直旁若无人地穿越高速公路网
任天空挂起晚霞
星条旗远远地寂寞燃烧

冬天没有来信很久了
你是否还在沉默
在地平线徘徊
把一生一世的孤独
点成无根的烟
冰雪流淌成为历史肮脏的脸
哭望古老的乡土
因为洪水刚刚泛滥过
因为还能有谁在泥泞中为人类郑重祝福
让我们继续眺望天空

静候黑暗降临
它稀松而庞大
笼罩我们微弱的悲欢

2. 三月有雾

三月有雾
是我登天的屏障
我穷尽一生的遐思
被彻底冷却

并且加重
阴郁心情的份量
把我压进土里

再封闭地面
用泥泞和潮湿

以致我被熏化
成为春笋

东方卫京[挪威]

东方卫京，本名杨卫宇，挪威籍华人，理工博士，祖籍河南洛阳。就职于一家西方大型跨国能源公司，从事综合评价和决策支持工作。北欧华人诗社社长，欧华新移民作家协会理事，欧洲华文诗歌会会员。诗观：不追华丽玄妙，但求言之有物，给人生添些诗的味道。

光谱

摘下彩虹抚直
赤橙黄绿依次安放
青蓝紫入列
一条光谱绚丽光亮

每个人
固有频率定妥色光
凭心站位
守在相近色度身旁

非白即黑
不免堕入好斗的色盲
白嫌黑丑陋
黑责白刺芒

别试图把彩轴涂黑漂白
镶在新十字军战旗上飘扬
赤橙黄绿青蓝紫
七彩的世界更加芬芳

程宝林［美国］

程宝林，1962 年 12 月出生于湖北荆门市，1985 年毕业于中国人民大学新闻系，2005 年毕业于美国旧金山州立大学（SFSU）英文创作系，获艺术硕士（MFA）学位。1982 年 7 月发表诗歌处女作，1987 年参加诗刊社第 7 届"青春诗会"，1994 年加入中国作家协会。著有诗集《雨季来临》《未启之门》《程宝林抒情诗拔萃》《纸的锋刃》、英文诗集《 Li Po's Cloth Shoes》等共 23 部，大量诗歌被收入历年年选。现居美国加州旧金山地区，任教于某外语学院。

1. 孕妇

站在街头
看见孕妇
挺着她们庞大的腹部
缓慢地走向分娩
我常常想
这是谁干的好事

使一名女子怀孕
这种事情
我一生只干过一次
只此一次就使我爱上了
全世界的孕妇

即使她们很丑
却是最美丽的生灵
膨胀的子宫
母性的黑暗

我们都是闭着眼睛出生的
用卵子孕育我们
用脐带喂养我们
用胎盘保护我们
用羊水滋润我们
——那个人

我们睁开眼睛
第一眼就能看清

看着孕妇走过街头
我想，但愿我是那个
使她怀孕的男人
毕竟，我还这样年轻

即使我彻底老了
拄着拐杖站在街头
我也会侧身给孕妇让路
带着内心的爱意向她们微笑
想起自己年轻时
本来可以生出
数不清的孩子

（2002 年 10 月 9 日，旧金山）

2. 背信者

背信者身佩长剑，袖怀暗器
贴着墙根疾走
他的斗笠压低眉头
你只能看到，一顶斗笠的行走

五步杀一人，十步杀二人
春风扑面，荆棘世界布满刺客
天下无敌的人啊
我卑微的一生阅人无数

背信之人，千里赴约
赶去与敌人歃血为盟
秋风渐凉时
背誓与背盟的季节来临
白纸黑字
真得抵不过

刀枪剑戟

夜深沉，星垂四野
向南赶路的孤独客
在大树下和衣而卧
袒腹而歌
发誓与雷霆决斗的人
相信他的宝剑
比闪电更为锋利

(2020 年 7 月 1 日)

3. 疼痛

疼痛来自左臂
靠近肩膀的地方
第二针更为疼痛
这自愿的疼痛
免费的疼痛
来自我的国家
它有一个很中国的名字
——辉瑞

我另有家园
兄弟姐妹们的国家
我的疼痛来自何处
我的疼痛无可言说

我看见一辆卡车拉着木板
一块长木板斜伸出车厢
它飞速超越一辆摩托车时
木板将骑车人的脑袋
无声地割下......

(2021 年 5 月 8 日，加州)

万沐 [加拿大]

万沐（Frank Wan），加拿大华裔诗人，媒体人，时政评论家，多家媒体专栏作家。现居多伦多。

站在雪原上，寻找春天

站在雪原上，寻找春天
生命正在更新
花在地下开得绚烂

把已往的春花、秋月全部忘记
把已往的阴霾、晴朗统统埋掉

凿开冰层，与鱼儿对话
坐在雪橇上
感受北风的纯粹与强健

蛇已冬眠
细菌也一片一片地死去
灰尘被锁进了剔透的水晶宫

灯光闪烁的地方
顽固地保留着腐朽与病菌
高大与豪华中挤满了憧憧鬼影

仰望星光或者雪光
听狼在黑夜中哀嚎
看狐兔在黎明前死去
尸体叠着尸体
变成高高低低的雪山
没有柳暗花明
却点缀了雪原的峰回路转
与毁灭的清新浪漫

期待洪水

期待冰川
期待鸽子与橄榄枝
期待看不见的春天

陆蔚青[加拿大]

陆蔚青，加拿大籍华人，华人诗学会会员，曾出版诗集《魁北克玫瑰》。

1. 在美面前臣服

在美面前我们低头俯首
烽烟散去，大地和平如初
那些缝隙，狂乱的风暴
在多年后是否依然记得
我只记得愤怒，却忘记了
因为什么

让我们携手，重新和平相处
在岁月硝烟散尽的地方
百合花艳丽如梦。我们不谈论
那些分歧和伤痛，不谈论俗世
那些浪费生命的锱铢

只有美能缓解矛盾和分裂
带来和平。它如此巨大，
包容万物。建一个可爱的桃花源
将心安顿，幸福漫步。我们仰望美
在太阳与月亮的光芒之中

2. 伤口

你割青草的时候
青草发出清香
你割枞树的时候
枞树发出松香

当你割开我

我因疼痛而哭泣
在我晶莹的泪水里
生命因展开而颤栗

上帝啊
这生命的苦涩与痛苦
在汩汩的伤口中
一次次被击碎
伤疤变成了一朵朵花

所有的芬芳，都在
被割开的伤口中

施玮[美国]

施玮，诗人、作家、画家、学者。1963年生于上海，祖籍中国苏州。曾在北京鲁迅文学院、复旦大学中文系学习。1996年底移居美国，先后获硕士、博士学位。国际灵性文学艺术中心主席、灵性文艺出版社社长。兼任广播电台诗歌与文化及灵修的主持人、大学客座教授。80年代开始发表诗歌、小说、随笔、评论。作品入选多部选集，获雅歌文艺奖文学第一名、华文著述奖小说第一名等文学奖项。出版诗集《大地上雪浴的女人》《歌中雅歌》《以马内利》《灵魂的诗意栖居》等十部；长篇小说《世家美眷》《放逐伊甸》《红墙白玉兰》《叛教者》《故国宫卷》五部，以及《日食-风动》《献祭者》等。先后担任《海外校园》主编、《国际日报》文艺部主任等职。曾主编《胡适文集》、《灵性文学丛书》等多部文化、经济、文学丛书及工具书。

1. 低处

低处。安静
因安静而平稳——
将四肢和心灵，平摊在
低处。歇了它们劳苦的职责
免去虚夸的行动
和行动中的惊慌，让头脑
从容地流淌成一汪幸福

在低处，看人世的喧嚣
云朵般来了又去
怜悯高处的人，踩着钢丝
竭力平衡肉体与灵魂
他们害怕低处
将低处视为无底的深渊

或有人探头张望
跌落。失重的痛苦
高处是根牵着你的皮筋
人生是一场没完没了的蹦极

因被动而无奈
因无奈，而选择麻木

我却趁着命运打盹
剪断系住心灵的线
放开握紧的双手
直落……
落到最低处，享受平安

有时抬手
向高处的朋友打个招呼
却知道他们看不见

(2006 年)

2．世俗之尘

让我把四肢收拢
缩入心脏
塞满所有虚空的地方
仿佛星星在夜的衣袖中
空荡、无力——

往昔的某个时刻
飘在上空。澄清、湛蓝
蓄着透明的水滴，藐视饥渴
真实，大珠小珠不肯落入玉盘
不肯让美丽的声音
昙花般绽放，平庸地消失

我被虚谎的能力牵引
选择世俗——
一张发黄的绢帕，封住口鼻
封住心灵，也封住歌声
爱，游荡在戈壁

一朵干枯的骆驼刺

任凭卑贱浸染骨骼
任凭血液，渐渐，稀淡如水
崇高，遥远地坐在山顶
成为化石

在我人生的哪一瞬？
梦想，皂泡般破裂
那细小的哭泣，缠绕、断续
日子与四肢，却早已
适应了
尘土中的安逸

（2005 年 8 月 17 日）

季风［日本］

季风，男，原名张忠军，曾用笔名萌朦，六十年代生人，八十年代开始写诗，有诗作在国内报刊杂志发表。1992 年旅居日本，曾与友人创办文学杂志《蓝》。其后休笔。近年又起笔，部分作品发表在《中文导报》《东方时报》《阳光导报》等日本华文媒体，以及一些网络平台。现为日本华文作家协会会员。

飞叶

你终于可以飞了
了无牵挂
若一现昙花

和鹰不一样
是从高处
　往
　下
　降

是英勇的
另一种形象

你啊　必须
抽尽一身碧绿
输给夏日
才能
骑上秋风的快马
踏出一路
金色的图章

那蝉翼
伏在故土
薄衣飞过冰雪
寒梦
孵化又一缕春光

在最辉煌的时刻
跌下山崖
请你，轻轻地
把自己放下

曼无[美国]

本名吴佩玲，笔名曼无，计算机工程硕士。九零年代负笈美国，尔后入籍并定居硅谷。作品散见于国内报纸与网路诗刊。诗歌入选　《当代精英诗人300家》《天涯诗路》《中国诗词库》《海内外当代诗词选》以及海外诗库。

习惯－变化

我习惯了沒有花香的日子
每个今天依稀如昨
流年是十二生肖轮番
见证日历消瘦

嘘寒本该虚涵万象
生命的大流一波一浪
你试图从生活的狂澜突围
却渐感蹒跚

生活是有溫度的
无感或失温
该用什么救赎
你面朝天而我面朝你
目光终究沒有交集

你种下她送的玫瑰
挖空了我心净土
如黑洞的地
不着一物
直到多年后
长出诗来

冯玉[加拿大]

冯玉，曾在省教育机构就职，甲申年春定居温哥华。现为加拿大大华笔会会长，加拿大中华诗词学会副会长，加拿大华人文学学会秘书长，《菲莎文萃》《加华文苑》主编，《华章》编委轮值主编。《高度》周刊专栏作者。诗文发表于海内外多种报刊杂志，并收入多种选集。

1. 在涛声中呼唤你的名字
——致洛夫先生

而你的名字
已在千帆之外
哀伤如乌云般密不透风
一声炸雷滚过
泪雨打湿了温哥华的三月

风雨凄迟
何处是你微笑的臂弯
窗外的向日葵已移进房子
那条弯弯长长的小路
正苦雨成霖
落英缤纷

午后的荷花池
众荷田田婷婷如故
那轻轻扔去的一粒石子
揉碎了天上的云朵
和莲的心事

异地三月的春寒
已被鹧鸪的啼声穿透
边界外咯血的杜鹃
早已思乡成疾

在滚滚涛声中

我呼唤着回归的漂木
而你的名字
已在千帆之外

2018 年 3 月 19 日于温哥华

2. 这样想着就好

这样想着就好
不必期望拥有
每一个宁静的清晨
思念如阳光喷薄
心底一片灿烂

这样想着就好
不必懊悔迷失
每一个寂静的黄昏
思念被微风吹动
眼中一片斑斓

每一个孤独的夜晚
星星挤满我的房间
你在千山之外酣睡
那个世界已离我太远
夜色如水洒落窗前

庄伟杰［澳大利亚］

庄伟杰，闽南人，生于 60 年代中期，旅居澳洲诗人作家、评论家、书法家，文学博士，毕业于福建师范大学，北京大学中文系访问学者，复旦大学博士后。海归回国后破格聘任为华侨大学教授、研究生导师和学科带头人，并特聘为浙江越秀外国语学院教授、《语言与文化论坛》主编，暨南大学兼职研究员，湖南工业大学客座教授，澳洲华文诗人笔会会长，中外散文诗学会副主席。担任中国当代诗歌奖、博鳌国际诗歌奖等海内外多项诗歌文学奖和大赛奖评委。曾获第十三届"冰心奖"理论贡献奖、中国诗人 25 周年优秀诗评家奖、第三届中国当代诗歌批评奖、中国当代诗人杰出贡献金奖、华语杰出贡献诗评奖、中国诗人第五届诗歌成就奖等多项文艺奖，作品、论文及书法等入选 2019《中国文学年鉴》《新华文摘》《闽派诗歌百年百人作品选》等三百余种重要版本或排行榜等年度选本，有诗作编入《海外华文文学读本》《在北师大课堂讲诗》等多种大学教材。至今出版诗、文、论及书法等专著 18 部，主编各类著作 70 余种，发表近400 篇学术论文和文艺评论。海内外多种媒体、辞典有专访及词条，《海外华文文学史》《台港澳暨海外华文文学教程》等大学教材有专门评介。

1. 瓶子

我的脑袋瓜　是一只
盛满方块字的瓶子

甫一学会点横竖撇捺
头顶的天空便闪烁星星之火
刚刚学会爬格子挖心思
腹部之地尽是丘壑云烟
走进社会站上讲台
张口闭口　　信手拈来
都是那一个个充满
青铜气息和甲骨味道的
蜻蜓蝌蚪蝴蝶的家族们
四处横空飘浮

如今　我走出家园四海浪游
仍然依杖着一连串方块
四平八稳　蹒跚独行
走出所有的陌生和街头
许多新鲜异味的东西
也因此与我　失之交臂

哦，我是一只装满方块意念
漫溢四流的瓶子

（《诗刊》2001 年 11 期，《2001 中国最佳诗歌》《中国网络诗歌 20
年大系》（1999-2019）等选本）

2. 异邦人

异邦人
在流落的航线里
迷离方向
愈行愈远　愈飘愈长
在时空的转盘上
轻泊梦境

记不清何时分别
也不知何日相聚
　　　　　只是没有流过泪雨
　　　　　只是不愿悲天悯人
在孤寂难忍之际
才忆起那留在沙滩上
深浅不一的模糊
足
迹

异邦人
总爱把痛苦和磨难
构筑的跨度
去领略一种快感

然后　唱一曲老歌
让乡音不断撩拨
和谐自己

在所有离家的日子里
阳光日复一日地发霉
无法透彻生命之深刻
记忆和感觉渐渐淡化
变成无法解读的朦胧诗
哦，异邦人

异邦人是吃故乡奶水长大的
异邦人积蕴的乡愁超过体重数万倍
那不死的眷恋
绝不会因季节的胁迫
枯竭

（《神圣的悲歌》《当代诗人手稿集》《澳洲华文文学丛书·诗歌卷》，入选北京开放大学教材《世界华文文学经典欣赏》）

3.　锯或者舞蹈

不断地锯。锯成锥的形状
重要的是，恰到妙处。譬如——
对一棵生长的树，锯掉所有的多余
精心修剪，进行强化
留存下最坚硬的主干和枝丫

灵魂的锥体，敏锐、晶锐、劲锐
可以竖着放、横着放、倒过来放
双手像抓住利器，反复琢磨
镶满了风吹活的词花
复活一束飘忽的往事或记忆
删繁就简的造型，就这样
舞蹈起来，仿佛心的搏动和颤音

白天的喧哗渐渐消隐之后
夜色和锥体一样变得尖锐无比
深入，洞悉，切剖，隐隐作痛
展开自我放逐，我要锯开自己
锯开这俗世中尚存的某种定式

（《诗歌月刊》下半月 2015 年第 4 期，入编《新世纪好诗选》《闽
派诗歌百年百人作品选》《中国网络诗歌 20 年大系》（1999-2019）
等多种选本）

孙妙捷 [新西兰]

Kelly 妙妙，原名孙妙捷，六十年代中期生于中国海南省，1998 年移民新西兰。现任新西兰琼海同乡会副会长，新西兰《汉俳杂志》主编，澳纽网文苑专栏作者，新西兰中华文学艺术界联合会汉俳诗社主编，《澳洲讯报》《小小说选刊》主编，新西兰华文作家协会会员，新西兰华文笔友会会员。被评为 2020 年世界华文微型小说十大新闻人物，获 2020 年仓央嘉措梵音海国际诗人大赛实力诗人奖、首届"猴王杯"世界诗人大奖赛新诗入围奖、第二届左龙右虎杯新锐诗人奖。各类作品，发表于海内外报纸杂志及书集中。

1. 消失的黑眼睛

我听到了
那是激流岛上传来的阵阵雁声
伴着海风在哭泣
我看到了
那些拍打着海岸的浪花
依然像雪花一样的洁白

你是天外的星
却如此的脆弱和任性
你写人生百态
画尽花草
始终没有画下
一只不会流泪的眼睛

夜无声地咀嚼着
那些动人的句子
在黑暗里伸吟
被撕扯成碎片的追忆
洒满了太平洋

晚风徐徐
蚕虫啾唱
云乡的宁静并不能安抚

一颗扭曲的灵魂
黑夜里的那双黑眼睛
却消失了

永远地消失了

（2021 年 1 月 12 日）

（新西兰激流岛被称顾城岛，是中国朦胧诗代表人物顾城的最后居住
地）

2. 这一季

团团簇簇，红粉辉映
淡雅清香，沁人心脾
漫山的粉雨
滋润了这四月的山岗

只道是
那花仙子迷恋人间
抖落下了身上的粉彩
从此，这一季一季的嫣红
醉了一世界
醉了你我的双眸

有人说
不愿意看着花开
因为不希望看到花落
竟不知那红楼里的林妹妹
为了那些枯瘦零落的花瓣
曾经掉下了多少伤心的泪水

我却想
在花开花落之间
寻得一块乐土
把花语写满片片绿叶

在清欢的日子里
种得一片诗意盎然

万事归零
只等一个遇见

（2021 年 4 月 5 日）

竹心［美国］

竹心，女，北美中文作家协会会员。现定居美国。小说、散文、诗歌散见于《文综》《美文》《华文月刊》《世界日报》《侨报》《汉新月刊》《作家导刊》等报刊杂志。短篇小说两次获得北美"汉新文学奖"。散文《你走后，我们回来了》获得廉动全球-华人好家风征文大赛三等奖。短篇小说《素姨的旗袍》获得首届盛京满绣杯-我和我的旗袍征文大赛二等奖。诗歌曾获第二届紫荆花杯优秀奖。出版中短篇小说集《旧梦如风》。

今夜， 我与月光有个约会

认识你已经很久很久　久到
风沙掩绿洲　　沧海变桑田
却从未细细的读你　懂你　靠近你
迷雾中只看见你寂寥的背影
和千年的风霜　　高悬夜空
在昨夜星辰的光华里　　璀璨
不变的痴情　如水的温柔

今夜　再一次的读你　品你　读出
年华的炫目　与日月的沧桑
便在旷世永恒里　念你　爱你　痴等你
深深地凝望你含羞欲语的热情
和婉约纯情的绝代风姿　　与你相约
在今夜多情的梦里　　初尝
久违的温婉　　款款的深情

千年的孤独里　你轻若的
柔情似水　　皎洁的明亮柔柔地
倾泻　于是　　湖水为你荡漾
大地安然宁祥　静寂中
你冰凉的唇随清风送来热吻
与透明的光亮在云雾里重叠纠缠

万世的等待中　你淡淡的

沉默不语　只把温情暖暖地
释放　于是　夜来香为你芬芳
萤火虫翩翩起舞　光影里
你明净的容颜幻化出冷艳的神采
在银河的灿烂里书写绝唱千古的爱恋

饶蕾[美国]

饶蕾，旅美知名诗人。北美中文作家协会和海外华文女作家协会终身会员。写诗十年，创作新诗800余首。已出版诗集《远航》《晚风的丝带》《轮回》。著有千行长诗《蒲公英》。诗歌入选《新世纪诗选》等二十多种文学选集。作品散见中国《诗刊》《诗选刊》《中国诗人》，美国《新大陆》《香港文学》等。荣获第二届"莲花杯"世界华人诗歌大赛银奖、美国汉新文学诗歌奖和台湾海外华文著述诗歌创作奖。

1. 轮回

季节依然在轮回，独立于
任何人的存在之外
积雪告别的泪水浸透大地
新绿笑声一样升起
忧伤，快乐，人潮
在空气中弥漫又消散
鸟鸣准时把琴音挂满枝头
哈尔滨　长春　休斯顿　新泽西
数不清飘落在旧日的雨
痕迹不再圆润清晰
纽约富丽堂皇的中央火车站
是我今日的坐标
我俯身拾起
范德比尔特家族奢华的往昔
就像拾起恐龙曾经在广袤大地的奔驰
或者古罗马拥有的兴盛与衰落
在一辆北去的列车上
把它丢在风中
前方，更深更远的奥秘
藏在时间里

（发表于《诗选刊》）

2. 一首诗对我说

我慢慢靠近一首诗
就像靠近一片阳光
一棵树，或者母亲的爱
我静静地坐下来
听文字在树枝上摇晃
我仿佛有了依靠
又什么也没有

诗歌慈祥地对我说
"哭吧，孩子，这里只有我。
我一直看着你，纤纤独行
走过荆棘、峭壁和漩涡。
多怕你开成深秋的花儿
或者长成冬季的河。可你
的心，依然泉水般清澈"

诗歌不停地说，纷纷扬扬的
诗句雪花儿一样飘落
似泪水，似阳光，似母亲的爱
我一直安静地坐着
想说什么，却什么也没说

（发表于《诗刊》）

笑虹［美国］

笑虹，1964，英国剑桥大学生理学博士。现任美国纽约州立基础研究院细胞神经生物研究室主任。兼任英国剑桥大学 Murray Edwards 学院职业指导导师。《中华诗魂》纸刊副总编。作品发表在海内外多种纸刊包括《绿风》《新大陆》《中国日报》《休斯敦诗苑》《笠诗刊》《小诗界》《世界诗歌》等。被多本诗集收录。2019年应邀在中国举办了个人专场诗歌朗诵会。在 2020″华南杯″全国诗歌大赛中获三等奖。著有个人诗集《虹》和《风的弧度》。

1. 面具

一直被人类利用
却一直遭人类唾弃
幸亏
我，并不是我

2. 维多利亚大街

阳光被拒绝在紧闭的门窗外
蹭来蹭去
在时间光滑的背脊
刻下道道裂纹

除了我，街上还有一只小松鼠
在不亦乐乎地追逐自己的影子
一会儿树上
一会儿树下

落下的光斑
仿佛是一地夺目的果实
他从这个跳到那个
左看右看
仿佛抓到了什么

那么孤独
还那么满足

冷观［美国］

冷观，男，美籍华人，在美国获得工程博士学位，就读工商管理硕士。曾就职于数个世界 500 强公司，在中国任总经理及中国区总裁等职。在诗殿堂、美洲文化之声、中国现代诗人、洛城诗刊、欧风古韵、欧风诗意、国际田园诗、中国日报、台湾时报等美欧及中国的纸媒和电子刊物发表过诗作。

真

屡见一个庞大的球体
布满怪异多彩的线条与图块
刻意戏弄猎奇者的认知

我曾堕入
那个奥秘莫测的深渊
试图在黑暗里找到光亮

读懂森林比枯木更令人沮丧
犹如释梦人
无法摆脱重现的恶梦

蚂蚁的视觉更适合剖解沙粒
停住脚步
凝注　　一小片向我招手的拼图

谢炯[美国]

谢炯，60 年代出生在上海，1988 年留学美国，先后获得企管硕士和法学博士学位，现为美国纽约谢炯律师事务所主席。出版有诗集《半世纪的旅途》（2015）、随笔《蓦然回首》（2016）、诗集《幸福是，突然找回这样一些东西》（2018 北岳文艺出版社）、翻译《十三片叶子：中国当代优秀诗人选集》（2018　美国猫头鹰出版社）、随笔《随风而行》（2019　美国易文出版社）、诗集《黑色赋》（2020　长江文艺出版社）、翻译《墙上的字：保罗·奥斯特自选集》（2021　花城出版社）、翻译《石雕与蝴蝶：胡弦诗歌精选双语集》（2020　中国青年出版社）。2017 年荣获首届德清莫干山国际诗歌节银奖，2020 年诗集《黑色赋》荣获华侨华人中山文学奖优秀作品奖，作品在海内外各文学杂志广为发表，并入选海内外多种选本。

1. 台灯

台灯照亮的字
都是它不认识的

还有些
因为印在带金边的白纸上
被它认作千古的真理
它谦逊地弯着腰
不敢眨眼，或东张西望
它为自己的目不识丁深感内疚

有人伸手关灯
寂静中它听见字在纸上四处流浪
没有它的照亮
一夜间
他们全成了孤儿

2. 我必须是新的

爱你
我必须爬上高坡
我必须烧毁所有通往对岸的桥
我必须推下凌乱的巨石，扬起尘烟
我必须掩埋
每一条小径上的脚印
丢弃柔软的柳叶
我必须是无形的、无色的、无声的
我不能有你的眼睛、你的舌头
你的头颅、你的身体
我必须回望
我必须没有你
我必须完全没有你
我必须是新的

索妮娅[加拿大]

索妮娅，北美中文作家协会会员，加拿大中华诗词学会理事，加拿大大华笔会理事，加拿大女作家协会理事。曾在由洛夫、痖弦等名家担任评委的"白昼之月" 诗歌大奖赛中获首奖婵娟奖。出版过两部长篇小说《青春宿语》《战争纪事》，并被加拿大部分图书馆收藏。其中长篇小说《战争纪事》被评为畅销书。出版过《时光流韵》合集诗集。其作品散见于中、港、北美媒体及网络。被评为 2018 年加拿大温哥华十大杰出女性。

1. 找一朵云

目送春风，告别秋雨
在冬的心痛里含满泪滴
世界有多少千变万化
就告诉我们要有多少真心

无寄的梦里
离别的愁不断萦绕
知更鸟不再啼了
夜是如此沉寂

黑暗的火光处
星星闪烁着温暖

我们走了一程又一程
期盼能找到一朵
浮起生命的云

2. 一滴水

借一滴水游回大海
在浅灰的海面壮阔波澜
在白色的浪尖寻找

天空的视线

空着的网
在礁岩深处冷落
环游的鱼，躁动不安

捕捞，是记忆深处的遥远
拥挤着闪光的贝
和喧闹的沙丁鱼

一滴水，在海水里解构
它的思考
摆脱了阴霾的裹挟

索菲[加拿大]

索菲，计算机硕士毕业，现任职美国 IT 公司高级首席分析师。世界诗人大会终身会员。诗作散见于中国大陆及港澳台、加拿大、美国、欧洲等多种专业诗刊及诗歌合集。曾获首届"中国城市文学优秀诗歌征文大赛"二等奖，中国首届昌耀诗歌奖提名，中国新归来诗人奖，第三届诗与远方·走进澳洲诗歌大赛三等奖等。

1. 比萨斜塔

我不是来扶正它的
我无力也无意与世界为敌

作为钟楼，它未曾撞过一天钟
却比任何钟楼更倾倒众生
堪比西西里教父，一生从没布过道
却以教父之名震慑江湖

绕着察觉不出的斜道
一步步登上塔顶
环顾四周
整个世界，都是斜的

警世之钟高悬而沉默
斜——斜而不倒的绝技
已然让它活成奇迹
扬名立万于膜拜奇葩的人间

走出斜塔，世道依然如故
该正的正，该斜的斜
正的永远比斜的多
斜的永远比正的惊世骇
俗

(2016 年 3 月)

2. 大雪，我和你一样悲伤

今天，三十厘米的暴风雪
像个极度伤心的人
藏着那么多悲凉之水
密匝匝向大地倾诉

大雪，我和你一样悲伤
一路走来，我的委屈并不
比你少。我多么想跟你一样
对天地嚎啕大哭

然而，一个体面的女子
必须修炼成冰
露出水面的，仅是
冰山一角

（2019 年 1 月 20 日）

3. 倒叙的时光

皱纹消隐，肌肤光洁如水
退潮的海滩，黑夜遗留的贝壳
俯身可拾
白杨树上一双双眼睛
结痂的伤疤痛且痒
血一滴滴渗出来
回到最初
青涩的树苗，未发芽的种子
花未开，雪未落，月未圆
我未遇见你，河流未拐弯
宇宙还是黑洞
量子不懂纠缠

（2020 年 12 月 6 日）

李莉[加拿大]

毕业于北京大学计算机科学技术系软件专业。 1999 年从北京移民加拿大。现在多伦多某保险公司任数据架构师，从事数据交易数据仓库等数据模型的研究设计和建立。华诗会理事，双语纸质诗刊《诗殿堂》编辑。数与字皆喜，文与理兼修，在知识的海洋里浸其内，乐其中！

春花

春雨一滴
你都珍藏在心
还有谁，比你更惜雨润？

春风一抚
你便盛开于世
还有谁，比你更解风情？

春心一荡
你便化作诗歌
还有谁，比我更懂你的心意？

麦芒［美国］

　　麦芒，本名黄亦兵，1967 年 9 月 30 日夜晚出生于古老的湖南常德城，并继承了母亲身上祖传的湘西土家族血液。自 1983 到 1993 年就读于北京大学中文系，先后获得中国文学学士、硕士和博士学位。于 1983 年正式开始写诗，部分早期作品散见于各种学生与民间刊物。1987 年初次结集《接近盲目》，被收入与北大同学臧棣、清平、徐永合出的四人诗集《大雨》之中。1990 年参与创办同仁诗刊《发现》。1993 年移居美国，2001 年获得美国加州大学洛杉矶分校比较文学博士学位。自 2000 年起至今任教于美国康州学院，研究并讲授中国现当代文学和比较文学，现同时担任康州学院亚洲艺术收藏部主任策展人。移居海外之后，继续用中文和英文双语创作，翻译和朗诵，著有中文诗集《接近盲目》（2005），中英文双语诗集《石龟》（2005），以及英文学术专著《当代中国文学：从文化大革命到未来》(Contemporary Chinese Literature: From the Cultural Revolution to the Future) （纽约：Palgrave Macmillan, 2007）。2012 年在中国国内获第 20 届柔刚诗歌奖主奖。

1. 告别辞

哭吧，心爱的，尽情哭吧
往日已经坍毁
欢乐的粮食也存之不多
夜又这么黑，这么冷
我在你身边却即将离去
你宝贵的话语全部用完
痛苦是不可避免的
但千万不要哭垮了青春
假如下次我还回来
就凭这与你火光中相见

（1989 年 12 月 25 日）

2. 祈

追寻你的宇宙远非易事
你的宇宙不在天际
却在梦里

那里没有逻辑
我却常犯这样的错误
以头脑衡量心灵

面对你的裸体
我自惭形秽
因为你娇嫩的肉

正附着在我的骨头之上
我们明明是两个人
这时却长在了一起

孰清孰浊
一眼分明
但我多么希望

血液把我们重新再连接
我将会是一颗小行星
遨游你黑暗的宇宙

即使有一天它撞击粉碎
那陨石也将化作雨

(1998 年 9 月 13 日)

3. 隐秘的哭泣

什么是生命中重要的意义？
请你倾听那些渺小的声音
青蛙的鸣叫，秋虫的呼声

也包括那些几乎不出声的
书页翻动时的沙沙细响
情人赤裸对视时的脉脉无语

也包括那些常常被误解的
暴风雨抽打海洋的愤怒咆哮
黑夜面对死亡时的轻蔑憎恨

啊，纵使我一百次被质问
类似的问题，我也会一百次回答
请你倾听那些自我以外的声音

它们是自然和人类尊严的声音
哪怕那里藏有一丝隐秘的哭泣
哭泣来自重要的意义，别将这线索剪断抛弃

（2001 年 5 月 6 日）

4. 北京之秋

北京之秋
香山，卧佛寺，樱桃沟
近三十年未见

那是我爱情开始的地方，种子来自南方

怀柔
红螺寺，燕山
上一次，我的爱情未熟

这种爱
必须
自己
慢慢出来

这也是北京，但未必是你熟悉的风景

你若墨守成规，唉声叹气，自怨
自艾，缺乏耐心和毅力

不到生命的某个空旷野外季节

就与她失之交臂

不是
越飞越高的
气球

而是红叶，核桃
板栗
柿子
枣

一切与深埋土地里的根相关联的
经历过北方霜降的
时间
和果实

（2015 年 10 月 29 日）

西田[美国]

西田，本名陈金中，九十年代末赴美。现居美国。本职工作是工程师，先后供职于硅谷某科创公司和华尔街某投资银行。华人诗学会会员。

流星

曾经无数次幻想
把诗句写在天幕
让有心的人们
躺在柳树下上朗读

然而夜空里只有微弱的光影
红尘中喧闹的人生
只是宇宙的一粒灰尘
转眼飘逝无痕

炽烈的热情在奋力地燃烧
即便燃爆，璀璨也只留一瞬
光亮散去，冰凌岩石落千层
寰宇重归寂静

片刻的辉煌无法照亮
为凡事所困的人心
只愿短暂的亮光
感动在暗夜里赶路的旅人

一颗并不耀眼的流星
划过夜空，广袤无垠
注定归于冷寂　依然幻想
身后一片光明

江岚［加拿大］

江岚，出生于 1968 年。博士，华文女作家。现执教于圣-彼得大学，从事国际汉语教学、英译中国古典文学的教学与研究。出版有短篇小说集《故事中的女人》（2009）、《唐诗西传史论》（中文版 2009，2011；英文版 2018）、长篇小说《合欢牡丹》（2015）、有声书系列《其实唐诗会说事儿》（2020）等。

1. 背井 · 离乡

当秋千还来不及捕捉，
蝴蝶结飞舞的颜色，
当光阴还来不及计算，
桂花香坠落的重量，
梦想是我，沉重的行李，
减推渐远渐彷徨。

带不走岿然不动的你，
带不走每一道熟悉的风景。
你沉默的视线，
越拉越长越明亮，
穿透千万条杨柳堆烟，
穿透千万遍阳关的回旋。

命运的圈套在梦想之外，
用我的行李牵扯你的视线，
忽远忽近。思念从此，
端坐生命之河的两岸，
看萧萧梧桐，潇潇雨。

2. 述说

一旦变成话语，
再厚重的内容也难免浅薄。

沉默。并没有金子贵重。
只容纳无语。
一种欲说还休，广漠的虚无。
希望被未来放逐，
未来被幸福抛弃，
幸福被执念欺骗，
执念被生命守候。
天不老，海不枯，
一双望眼，也不肯瞑目。
永夜的孤寂，特征千年一律。
究竟是情深难了，还是不愿认输？
石上海边恒久伫立，
每一轮寒来暑往的沉默，不尽述说。
那座城市始终在远方之外的远方。
求不得，握不住，放不开，
算不算一种专属的拥有，他生此生，
遗落了未来的
从今往后。

笑渔[美国]

笑渔，电脑软件工程师，即用字母，符号和数字写诗的人，是为职业，亦为诗观，现居美国芝加哥，从大学时期参加复旦诗社开始，至今诗心未泯，作品散见于报刊，杂志及网络.

哥德巴赫猜想和情诗

数学的明珠是数论
数论的明珠是
哥德巴赫猜想

文学的明珠是诗歌
诗歌的明珠是
情诗

哥德巴赫猜想
表述偶数和质数的冰冷关系

情诗
描写男人和女人的浪漫关系

情诗就是
浪漫的
哥德巴赫猜想

娃娃［新加坡］

　　笔名：娃娃，原名：林剑。2009 年从北京移居新加坡。常以文字记录生活中点滴的美好与感动，写诗更让我最终找回自信。华人诗学会会员，南京十八号文学社会员。作品散见于新加坡《联合早报》文艺城、《世界诗刊》《十八号文学社》《麒麟诗刊》等报章杂志及电子平台。

主角

暂停。

退出追光灯的势力范围
不再做主角，留肉身在漩涡中心为难

观众席寻一位置落座，观察，推演
如读一本好书，或看舞台剧
猜测剧情未来的走向

于此，发现一条道路
放下担子

枫雨［美国］

枫雨，原名姜宇，北京出生。宋代词人姜夔第 24 代后人。首都师范大学英语系毕业，美国教育技术学及图书馆信息学双硕士。百余篇散文、小说、随笔以及诗歌发表于海外及国内报刊杂志。出版散文集《思念的季节》，短篇小说集《套在指上的环》，中篇小说集《八零后的偷渡客》，长篇科幻悬疑小说《时空蛊》，长篇纪实小说《小女人闯大世界》等，翻译欧美作品"上帝之诚"系列三部曲，励志故事《小猫杰西》《生命尽头的秘密》，美国作家麦卡勒斯《没有指针的时钟》，老舍长篇巨著《四世同堂》第三部等多部。 现居美国新泽西。

1. 余生

那些美好的仗，我已经打过了......保罗

如果余生够长
我要好好地，消磨时光
在巴黎香榭丽舍大道漫步
随便找家咖啡馆
听雨，让思维跟上

如果你要同行
那么我们冬天去阿尔卑斯
夏天去奥林匹斯
高山仰止，在历史和神话中徜徉
忘却前半个世纪
无论沧桑还是荒唐

在山脚下写诗
直到最后一个句子
然后青山作枕，安入梦乡

如果余生不够
原谅我，我会抛弃你
连同一切记忆

冬夏蜗居，只在春秋去旅行
春天随鹅黄柳树摇曳
而秋天，满眼风吹草低

余生我已经计划好——
不让夕阳入画
不让烛火撩动心肠
不让弯弓射月
也不让轻风吹冷
那一壶茗香

余生不短不长
不要慌
只要好好地，消磨时光

2. 我把雨声缝进枕头

我把雨声缝进枕头
入眠，就不会再惊醒
雨的节奏
打落芭蕉，送走大雁，也
滋润来年的草种

雨在叹息吗？
那种婉转低回，仿佛哼着一首
摇篮曲，哼着童年
醒着，在梦乡里醒着，真好
黑夜茫茫，心跳，依然清晰

远方，有车轮滚过
枕木是火车的枕头，车头不睡
继续在雨中奔跑
轰隆隆......那每一声都在敲打
快麻木的神经

夜色更浓了

即使没有黄昏
成年人也容易困

如果睁不开眼，今晚就请你
把雨声缝进枕头，听她轻歌
即使世界都睡糊涂了
雨的节奏，依然

火凤凰［日本］

火凤凰，诗歌爱好者，本名朱丽慧。旅居海外。世界诗歌联合总会常务主席。海外头条联盟主席、会长兼总编。中国文联出版社《河间诗人》《中国诗歌黄金台》微信周刊海外编辑。北美翰苑副社长兼总编；经典国际副主席；有作品入选多种纸刊选本。

春雨来自故乡

怎么形容你呀？淅淅沥沥地来
缠绵在左，深情在右
在水一方，翘望故乡
每每这个时节，你总能如约而至
总能来延续未了的情缘
因你，大地的生机从绿开始
柳条依依，身姿舒展
新燕呢喃，飞影绕檐
它们都在聆听我的心语么？
丝丝温婉　我低垂眼帘
一任你，渐渐注入笔端
春雨淅淅，诗雨沥沥
有你，明天依旧要远行

孙宽［新加坡］

孙宽：新加坡人，女，回族，祖籍北京。2016 年创办自媒体微刊《宽余时光》，搜狐、搜狗和雪花新闻同名文学专栏签约作者。作品见《联合早报》《新华文学》《新加坡文艺》《作家》《青春》《江南诗》《小诗界》《视界观》《深圳文学》《文综》《香港文学》等。作品多次获奖，2020 年入围第三届博鳌国际诗歌节年度诗集奖。著自传体散文集《遇见都是初恋》，诗集《双城恋》等。

1. 一切近的，都将远去

但丁神曲，博尔赫斯天堂，莫奈花园
一切陌生，慢慢具体
苏珊的下午茶，母亲的抱怨，东西方亲人
一切近的，都将远去

新加坡岛，我重新画圆连线
河流，海域，大洋，彼此相连
孙子兵法像巨树根须延展，枝蔓缠绵
5276 条中山路，蔷薇扎根雨林，胡姬花落户极地

我像一捧言之凿凿的故土，落进沙漏
手绘命运地图，以最接近黎明之诗
偏爱，陋习，回忆，每个令我痴迷的黄昏
圆圆缺缺的月亮啊！每日更新我

马来族印族邻人，浇灌走廊上默契
中国，新加坡，英国，新家园种满梦与凝望
一切近的，都将远去
模糊陌生的一切，渐渐清晰

2. 新加坡草木志

风铃木

赤道樱花树，粉粉白白
一小阵冷言冷语，心就碎了
两个花季
心碎两次

榕树
菠萝蜜亚，沧桑的脸
神秘，遮蔽整个世界
仔细聆听
都是故事

雨树
夜里，行走的剑
雨里，收紧腰身
飞檐走壁
艳阳下，佛的心长出
最快的伞

竹羽
花期九天，它想了整整九年
一掌大的绿茵
现在，我我爱的人
都藏匿在它的树林里
谁也找不见
太阳，或对方

香灰莉树
睿智的灵魂，300 岁不老
皲裂皮肤刻尽沧桑，包裹
砧板一样倔强身体
香灰莉树，长青而茁壮
李资政①之最爱，今已缀满
乳白色思念，如云朵朵
芳香溢出记忆的海面

（注释：①　李资政：新加坡的第一任总理李光耀卸任后，被尊为李
资政。）

戴宇［日本］

戴宇，上海人，复旦大学化学系毕业。1991 年去日本就学、留学、工作。现任亚洲文化艺术家联合会上海分会会员，中国诗歌学会会员，上海浦东作协会员等各诗会的会员，日本《阳光导报》的专栏作家，《人民作家》驻日代表，作品发表在世界各地等诗刊报刊杂志。出版个人诗集《世界之外的雪》（上海文艺出版社）和《刻在墙上的春天》（上海文艺出版社）。

1. 梦呓般的提问

这里是终点吗
当深情变成了沉默
我会用梦呓的低语来问你

在八廊街头
流浪在这本诗集中
将所有的故事
都归还给所有的你
归还给
经年变色的菩提叶

听雨滴的声音
闻花香的心思
为无声有韵的歌而歌
为雨润的屋檐而憔悴

当深情变成了思念
就将这只银镯子佩戴在右手上

如果你在梦中问我
这里，离终点还有多远
我就会点燃这支
最后的檀香

（2019 年 3 月 7 日）

2. 黎明

我用手指丈量星辰间的距离
就如我与你的距离

如果冬天的雪是你的眼泪
那么，春天的雪是我自己的哀愁

在春天想念你
无论我身在何处

坐等黎明
等你
用手指轻轻弹破
风的心思

（2019 年 3 月 30 日）

冯桢炯[美国]

冯桢炯，中国作家协会会员，纽约海外华文作家笔会会员、北美中文作家协会会员。1985 年开始创作并发表作品，已出版诗集《一种生命》《风铃小语》《一个人的世界》等六部。作品在《诗刊》《草堂》《星星》《诗潮》《诗选刊》《诗歌报》《飞天》《作品》等发表。曾获韩国亚洲诗人奖文化奖等奖项。曾任《人民文学》杂志社理事、现任《中外诗人》杂志主编、纽约新世纪出版社董事长。

1. 麻雀

在某条冷清的路上
或某个角落里
它们在啄食
寻找粮食填饱肚子
生存在这个世间
忧愁、慌张、小心戒备

它们的日子时高时低
飞翔时
高过人群
落地时
低过尘埃
它们的声音尖细
淡泊与宁静

它们爱怜、怕事、胆小
像我老实巴交的父母亲

2. 除草

如今坟头上的草
跟母亲和解了

一生除草
草还是缠绕
母亲安眠在地下
小草长在地上

风吹草动
陪着母亲
聊得正欢

静好［英国］

静好，原名王静，英籍华人。现任海外凤凰诗译社社长兼总编、世界名人会荣誉社长，作品散布在各网络平台及报刊杂志如《人民日报》《中国诗刊》《国际日报》等。多次获奖，中欧跨文化作家协会会员，联合国《世界生态》杂志顾问。

1. 河流

水深流无声
淹没多少故事

起始于细流
自西向东去
沉淀泥沙接纳细川
一路淘汰一路壮大
滚滚滔滔
奔向目的地大海

人生如河流
经过高山越过低谷
冲洗多少人和事
沉淀累赘汲取美好
经历越多越沉稳
一生奔波归于平静

河流似光阴
匆匆一去不复返

2. 2020，回眸一瞥

2020 即将到站
回眸一瞥
多少心酸 伤心苦痛

涌上心头

慈母中途下车
匆匆上了天堂号列车
错过最后的告别
留下终生遗憾

新冠毒妖
横行世间　为所欲为
夺走多少鲜活生命
让世人蒙难、生活停摆

圣诞佳节
母子不能团聚
泪眼婆娑
隔屏举杯祝福

2020 走过风走过雨
经过伤痛挫折
我们浴火重生
携手含笑走向明天

孟悟［美国］

孟悟，16 岁在《拉萨晚报》发表诗歌处女作，现为美国《华府新闻日报》专栏作家，先后在美国企业政府等部门从事过网络编程、金融财务和舞蹈教学。在国内常规出版 10 部长篇小说和文化散文集。大量文学作品发表在《侨报》《世界日报》等海外媒体，部分小说刊发于《北京文学》《青年文学》《小说选刊》等国内文学刊物。获《广州文艺》等四家文学杂志举办的 "青年文学奖"小说佳作奖（2005）、《安徽文学》散文奖 （2008 年）、 中国散文年会"中国百篇散文奖"(2009)、第五届海内外华语文学创作笔会散文二等奖（2010 年）、纪念辛亥革命 100 周年全国诗歌优秀奖（2011 年）、《长白风》"全球华语诗阵大比拼"有奖征文创作奖 （2012）、长篇小说 《橡树下的诱惑》 入选简帛书城 "十本值得收藏的优秀文学书籍"(2016)、"2018 年度中国散文排行榜" 、"美丽中国世界华文诗歌大赛"优秀奖 （2020）。

回到汉朝的阿富汗

总是幻想时光倒转，
能带我走近汉朝的阿富汗。
远望那年张骞西出长安，
千万里涉水爬山
寻找大夏国的温暖和希望。
听说那里有波斯和希腊交错的文明，
还有佛教和伊斯兰教碰撞的美丽。
张骞用大汉的丝绸和陶瓷，
换回了大夏的宝马和石榴。
在历史的细雨和风霜里，
巴米扬大佛坐看了千年。
丝绸长路上的驼铃声起，
响了又停，停了又响，
融化了大漠的孤烟。
而我一直在梦里，
站在云烟翻滚的大夏古道，
遥拜汉室先贤的长河夕照。

日月沧桑了万里江山，
阿富汗的滚滚风尘，
早埋了张骞的孤旅沙痕。
自杀式爆炸在黎明咆哮，
火箭弹的烈焰撕破了长空，
血染黄沙的大地上，
谁把巴米扬大佛炸一地的残骸？
人类在毁灭自己的灵魂吗？
让我们跪在天地间，
祈祷和平的阳光，
照亮山川的每一个村庄。
穿越时空的想象，
何日能再出长安
回到汉朝的阿富汗？

星子[马来西亚]

蔡国保，笔名星子，马来西亚人，曾获马来西亚、中国及台湾多项文学奖，包括第一届南方桂冠奖公开组首奖、**中国首届全球华语闪小说锦标赛优秀奖**、中国 "寓乐湾杯"世界华文微型小说双年奖（2017—2018）优秀奖、台湾第七届新北市文学奖儿文组童诗类佳作及台湾2018第八届全球华文文学星云奖人间佛教禅诗叁奖。

行走的寺庙

我在体内建座寺庙
让和尚居住于此
和尚打坐成莲花
初莲的净心不凋谢
他以脑袋里的木鱼
敲出悟性
念经时
他念出化茧成蝶的经文

风雨想削尖他的唇剑
他用禅语来软化
他一一扶正
贪嗔痴所绊倒的心影
沉淀里外的噪音
他静心成平波

他放下了执着
身心轻盈如浮云
他吹散头顶的乌云
转念成湛蓝的天空

我原是流浪的墓碑
在体内和尚的修行下
我成了行走的寺庙

芳竹[新西兰]

芳竹（Carissa），新西兰华裔诗人、艺术家、媒体人。原辽宁台和新西兰中文台主持人、策划人。毕业于新西兰曼奴考理工学院信息和通信技术专业，现居新西兰。17岁开始发表诗作，作品散见于《诗刊》《诗潮》《诗歌月刊》等地的刊物和网络上，被收入几十种文集。于2001年荣获台湾华文著述文艺创作诗歌奖，2017年被评为"中国新归来诗人奖"。著有诗画集、诗集《时光的锦绣》（诗画集）、《把相思打开》等四部。多次参加国内国际艺术展，部分作品已被一些著名机构和个人收藏。

1. 起风了

我的呼吸是云朵，愿望是歌声

————顾城

突然醒来的夜色　惊慌了神性的花朵
这千军万马的夜被落叶覆盖着
低垂的叹息河流一样浓郁
我和谁的灵魂在此时相逢
蓝色重叠蓝色　红色游离在忧心之外
细小的善良排列这树影和波纹
常想象　在空地中袅袅生烟的树
鱼儿衔着麦穗游走的样子
那或许是诗人的前世　觉悟和虚幻
还有什么一漾一漾地生出许多花朵
生出有情有义的人们和疲倦
而诗重来都不是世间的结局

听风声响起　听抵挡不住时间的雨
来来回回　寂静无声的怀念和日子
我掏出月色　凝望这迷失的海面
内心的羽毛一片片湿润起来
如果这是忧伤　就请垂落成行
以便让我看清那本质

（2016 年 7 月 1 日，奥克兰）

2. 拐角

从一粒石子到一座城池
从一条河流到一片海洋
从一声鸟的鸣叫到整个春天
从一滴泪到蝴蝶读懂前世的愁苦

从一个字到一阙诗词
从一派天真到天真的迷茫
从一种善良到善良的散落
从这一段历史到下一段历史的蜿蜒

从无数的上到下
从无数的左到右
从无数的前到后
以及从光芒到光芒熄灭的冰冷
我们无数次在拐角处遇见自己
再与模糊不清的自己擦肩而过

（2018 年 3 月 3 日，奥克兰）

3. 太阳的火，月亮的冰

午后，想起一些事物，
比如散步的小鸟
等待色彩的画布　挂在唇边的名字
还有　悬而未落的想念
这些让内心明亮的事物
这些妙不可言的存在
是火　是冰　是姿态　也是垂落

对于前尘往事　怀旧是一种暗示
略去一些沉重和漂浮的

留下那些可以放在怀里取暖
放在心里闪亮的事物
无数从内在涌来的渴望
都有着前世的模样和生动
没有焦灼，关注时光和生活
隐忍着身体上的伤疤
在微笑的花朵里寻访离情

太阳的火　月亮的冰
这些都是不停歇的命运

（2015 年 11 月 19 日，2020 年 12 月 30 日改）

邹璐 [新加坡]

邹璐，新加坡诗人。现任新加坡五月诗社秘书。自 2006 年开始写作，已出版诗集《时间，一条美丽的河》《追随河流的方向》《听见海的声音》等。2012 年受邀代表新加坡赴法国参加国际诗歌节。

忧伤开出深蓝色的花

提起画笔
我没有想要描绘的风景
面对画布
我有很多心情想要倾诉
寂静无声，奔流奔腾
自言自语，无声无息
原来，所有的心情
都是有颜色的

他们说，忧伤
是藏得最深的颜色
因为藏得太深
人们都以为是黑色的

忧伤真的是黑色的吗？
从前的身影
曾经的容颜
时间里一片片记忆在老去
当那些粉紫灰绿绯红柔白
的轻盈色彩铺满画布
我才知道如果忧伤深藏心底
所谓现世安好都是繁花如烟

于是，忧伤开出深蓝色的花
而它一旦开花它就不再忧伤
迎着光，花瓣变得
透明、柔软、光亮
爱的种子在那一刻发芽生长

静语[加拿大]

笔名静语，本名刘欣。医学专业免疫学硕士。作品曾获中国青年诗歌大赛奖及入围美国法拉盛诗歌节。为华诗会及加拿大中国笔会会员，其诗歌、散文、小小说发表于《中国日报》《世界日报》《国际日报》《中国朦胧诗 2018 卷》《中国当代诗歌精选精译》《中国女诗人先锋诗选》等多种报刊、文集及网络平台。

1. 煤

我
是亿年前
埋在黑暗里的沉默
命运扭曲着我的身体
高温席卷下
在地壳运动的大手中翻转沉浮

岩石般的坚定
伴着重压在地下孕育
穿过若干个漫长的世纪
默默地在沉寂中生活

我知道无边的等待
终究会迎来光明
我坚信在重见天日的那一天
你将会用你的热力
点燃我

点燃我
让我化为闪亮的光
和照亮这世间的火
点燃我
它会温暖那悠久的沧桑
也会终究打开这远古的沉默

然后

我会在灰烬的余温里微笑
触摸着脚下的故土
欣慰地告诉你
对于这个永恒的世界
只有燃烧过内心深处的暖
我才无悔地来过

2. 时钟之歌

你我
曾像秒针
齿轮咬合着齿轮
三步并作两步
喘息地
向着分针狂奔

我们
也曾像分针
在高速中亢奋
也在负荷的疲惫里
甩下了灵魂

最后
我们会像时针
在同一个
人生命盘里
看大家争分夺秒地
冲向你

却在
命运之手中
机械地
停摆
除了嘀嗒声
忘了还有什么
可以重温

厉雄[西班牙]

厉雄，旅西班牙华语诗人。浙江青田人，居马德里。侨中人文学社社长，凤凰诗社副社长兼海外凤凰诗社社长。中诗网副主任。中国诗歌学会会员，世界诗人大会终身会员。诗歌散见《诗刊》《中华诗词月刊》《中国日报》《诗选刊》《扬子江》《星星》《人民日报》《诗潮》《诗歌月刊》以及海外报刊等。参与组织了首届西班牙伊比利亚国际诗歌节，参加并主持了第四届和第六届中国诗歌春晚（欧洲分会场），第一届欧洲华文文学国际研讨会以及其他国际性活动。诗歌屡次获得海内外大奖，诗歌多次入选各年选，著有诗集《归来的雪》。《厉雄诗歌翻译精选》出版中，主编《侨中人文学》《海外文学》。

1. 红果

小草颤一下细腰，抖落几颗露珠
红果树似乎站直了一些
阳光出来，虫鸣矮了下去

果子密密麻麻，一颗紧挨着一颗
红光薄薄地铺在上面
映出一千张你的脸
眨一下眼帘，呼吸紧了一下

一串串的红，像沉甸甸的爱
压弯枝丫
疼痛纷纷效仿，一粒粒
撒在大地上

时光坚守树下，掰开我的软肋
一生不长
恰好等你落下

2. 她的红舞鞋

踮起脚尖，她轻轻落下
一阵微风过去
没有一丝震动，仿佛是一只蝴蝶停在
木质的湖面
遗落一朵红色的娇羞

她的手势按弧形晃动
湖水惊慌地接受她的指令
曼妙的身姿
或低头，或掩面
拧开万千恻隐

在她跃起时，撒开双手的水袖
一粒粒桃红的文字
开满湖面，如同漫天的桃花
她的缤纷，颤抖一下
遥远的书山，诗路，连绵不绝，紧跟着晃了晃

萧萧 [新西兰]

萧萧，1972 年生于湖南衡阳，资深媒体人，旅居新西兰多年，已出版诗集《让万物穿过我》等 4 部，随笔《人在他乡》《镜中故人》等。曾主编《中国诗歌选萃》。有电影、纪录片、诗歌，在国内国际获奖。

1. 寒露之后

秋风打磨一个词，细如针尖
穿心。一个背影把群山赶向峭壁
寒蝉铺满歧路，不易登高
我在这个词的内部，摸到了秋天的
绝望，与我的体温极其相似

寒露之后，该凉的终将凉下来
落叶开始出发。秋天层层扒开自己
给你看。再前进一步，寒枝举起白霜
每个人终将是一棵裸奔的树
被秋风示众，与骨肉分离

2. 大海是一块蓝色的补丁

现在我们是天涯，海天一色
不分彼此。一起做大海的主人
吆喝一声，所有的柔软被蔚蓝充满

面朝大海，镜中人坐等落日
缓缓坠入自己的身体。一半火焰
一半海水，灵与肉水乳交融

海风穿过漏风的身体，发出大海的
声音。一块蓝色的补丁缝补了
满目疮痍。我们不说疼，大海没有破绽

应帆［美国］

江苏淮安人，现居纽约长岛，诗作散见于《诗刊》《海峡诗人》《香港文学》、北美《新大陆》《侨报》《汉新》月刊、《人民日报海外版》等处。现为北美中文作家协会理事，网刊《新语丝》编辑。

1．五月的这个下午

五月的这个下午
离母亲节只有十一个小时
而我的母亲和我依然隔着
一万一千八百三十三公里
左右的距离

站在漏雨的站台
人到中年的你
喜欢一些特别的事物和词汇
比如眼前这场有名字的雨
比如这雨下得绵延而辽阔

在这一个辽阔的下午
在辽阔的天地之间
我想起辽阔的母爱

一株开着紫蓝色花朵的树
在站台外面的风雨里摇曳着
你不知道它的名字
却想象得出它的芬芳

五月的这个下午
有些如你一样的母亲
有些如我一样的儿子
在闹市的一棵小树下
谈论过辽阔的雨境和诗意

五月的这个下午
雨里有许多捧花的男子
正微笑地走向他们微笑的母亲
而我的母亲和我依然隔着
一万一千八百三十三公里
左右的距离

五月的这个下午
离母亲节已不足十一个小时

2. 五月的一个下午

五月的一个下午
我望着你
你望着窗外

窗外多姿多彩的郁金香
厌倦了阳光和诗歌的赞美
一边结实一边萎落
在萎落里散发
母性的仁慈和光辉

可笑的蒲公英们
在错过了所有盛开之后
以一吹即散的轻浮
准备着私奔远方

赏花人说
闭上眼时
脑海里是千军万马
睁开眼时
眼前还是万紫千红

五月的一个下午
杜鹃初啼
玫瑰才红

你拈一朵花微笑
仿佛拈着了一朵花的
心跳和温度

五月的一个下午
我望着你
你望着远方

远方的风在我们的耳边
来回低语　说
春色如许
春色如许

（原载于《新大陆》诗刊）

李玥[美国]

　　李玥，美籍华人，理学博士。中国诗歌学会、北美华人诗学会会员。诗作及译作散见于《星星》《中国新诗》《创世纪》《天津诗人》《散文诗》《世界日报》《文汇报》等报刊杂志，并被收录于多个诗歌选本，包括《2016 中国诗歌选》《2017 中国诗歌选》《中国诗选 2018》《2019 中国年度诗歌精选》《21 世纪世界华人诗歌精选》《中国当下诗歌现场 2016 年卷》等。著有诗集《葵花海》，诗合集《溪水是有艺术的生命》。

1. 两个人的河流

两个人
偶然的相遇，是不是就像不同方向的
两条河流，在某个地点的汇合交集

是不是也可以于湖中央，用沙泥
垒起一座心岛

不必担心那些燕鸥的
命运，它们的身体会留给
白发的芦苇塘

或者用倔强的姿态
飞过河堤，和天空以外的
波澜辽阔

2. 葵花海

让我们回到那一片
盛开的葵花海
用金子般的汗水浇注
太阳的古铜
曾经无数个日头底下，我们以花朵的姿态绽放

隐忍、一切暗物质的种子
埋于瞉土和北风·一场比天空
更大的浩劫

让我们相聚于那一片
茂密的葵花海
让粗糙、宽大的枝叶
抱拥我们的身体
有多少个夜晚，我们依然可以昂首瞭望
看惊疑的柴鹭和灰雀，逃窜入金黄色的旷野
它们纤细的绒毛，在飘浮的风里颤抖
一遍遍地呼醒
我们骨缝间隐藏的灼痛

你是否还记得昨日
那一片凋零的葵花海？
----夏日风暴过后
天空中几片虚妄、缥缈的残云……

如今，那些花儿已被砍下了头颅
它们枯黄的秸秆一行行裸露于荒野
蓝天空寂，万里无云
飞鸟已逝
不知何日归还！

天朝玉［美国］

本名王玮，北京人， 毕业于北京二中和中国外交大学，持有美国经济学硕士和金融学博士学位，现任美国某大学金融正教授。业余时间喜爱中英文诗歌创作，享受以诗的语言记录并探索丰富的人生。六年里，她创作了六百余首中英文诗歌，作品曾发表在海外报纸杂志网刊上。她的诗歌经常在洛杉矶电台《夜晚的旋律 LA》节目朗诵制作播出，很受听众欢迎。

奔

是不是 思念狂奔了一千个夜晚
便会寻找到一个避风的港口？
是不是 疼了几度春花秋月
心就不会再痛？
自愈是无奈中的咬紧牙关
万物生存的最后一道防线
就像受了伤的动物
可以无痛地奔跑数里 逃离险境
又如一朵花在残败之前
总有新的花蕾睁开双眼

其实 我想要的
只不过是在秋的堤岸
与你共度一段人间有限的时间。
看清晨的阳光触摸你的睫毛
看我在你眼底花样般绽开微笑
看身心在天地间交融成诗
云霞晕染 天水人和

薄雾中 你的手伸向我
嘴唇轻唤我的名字
仿佛一只受了伤的动物
去完成它最后一个里程
我无痛无惧地 跑向你

初雪［美国］

初雪，美籍华人，现居美国芝加哥，美国诗人协会会员，芝加哥风城诗社社长，蒙特利尔国际端午文化节副主席。其诗歌发表于中国的《诗刊》《扬子江诗刊》《人民日报》海外版，美国的《Transference》，《After Hours》，《Prairie Light Review》，《新大陆》诗刊，韩国的《外国文学》，法国的法国文学网，尼泊尔文学等。其诗歌入选《2016年中国诗歌排行榜》、《中国诗歌优秀作品集成》，《Distilled Lives》等。其英文翻译诗集《碧玉》于2018年在美国出版。她翻译过许多著名诗人的作品，包括保罗.缪顿，李少君，海伦.莫尔特。

寄给春天的明信片

你什么时候归来，甜美的春天？
何时郁金香的苞茎会冲出地面？
凝望窗外，我问海棠树上绽放的雪花：
迷人的它何时归来？

我问亚马逊的艾莱克莎——
"两周前已立春"，她说。
你迟到是否因为在制作鲜花和香粉？
旅途还好吗？有什么路障？我猜想。
一整天我满心期待：迷人的它何时归来？

我的量子在宇宙间疯狂寻觅：
我问电话杆——
那灵魂的另一半，什么时候归来？
我问路灯——
那颗让我心愿成真的星星，何时会出现？
我问栀子树——
那只曾徘徊在它下方的红鸟，何时归来？

泪水在七大洋飞溅......
那呼叫我名字的波浪，何时归来？
那让我满心欢喜的阳光笑容，何时再现？

如果它注定在这里，为什么此刻在别处？
当我们今天庆祝春节，为什么可爱的它不在？

无眠之夜，我连接空中的点对齐我们的星座，
信念和耐心的种子正悄然生长，
而一片雪花在耳边丝语——
"春泉一直在你心底歌唱"

竹笛［加拿大］

竹笛，笔名 O-K Mom，加拿大，70 后诗人，醉茶听雨平台主播，海外五洲诗轩副社长，海外凤凰诗社朗诵部主任，加华笔会理事，作品散见于诗刊、网络、报纸和书籍。

今生只为念你而来

一回故乡就心痛
不是因为那里雪大
而是触摸不到曾吹过梦境的风
只看见略微泛黄的老照片
和异想天开的康乃馨

小时候有人说我长得像你
这让我萌发了肆无忌惮的自恋
在大衣柜镜前转来转去
找寻所有可能像你的地方

雪花飘落没有声音
如你
深夜从我的书桌旁走过
悄悄放上一个削好皮的苹果

长大后我亲切地叫你"蓝老太太"
你也享用这一称谓偶尔撒撒娇
没想到你写的三句半和相声
在老干部中心你是倍受热捧的角儿

当年，我离开时你无比的忧伤
想到从此天各一方，生死两茫
你陷入了巨大的孤独

又逢母亲节
我想送你一支世上最唯美的玫瑰花
捎风轻轻地告诉你

今生只为念你而来
我说，我越来越像你了
比任何时候

风之花［美国］

风之花，现居美国加州硅谷。诗词及摄影爱好者，崇尚自然与美，热爱摄影，旅游，音乐，阅读及诗词写作包括古韵和现代诗。华人诗学会会员，月下心语诗社成员，大西洋摄影协会会员。出版过诗词散文集《生命中的一缕光》。

回眸

尘埃落定
曾经最美的那朵玫瑰
留在了梦的最深处

微风轻轻
弹奏一首谙熟的小曲
斜阳倾洒在不见来路的小径

也无风雨也无晴
你说你依然
呵护着那颗冰心

思乡 [美国]

王彦芝，笔名思乡。欧洲华文诗歌会加盟会员，华人诗学会会员，中国诗词研究会会员。原创作品散见于各种国内外报刊杂志和网络平台。获过奖。诗观：用文字抒写灵魂，用诗意点缀人生。

1. 黄叶，溅起薄凉的秋

只隔一夜西风的光景
就从夏
跌入秋意渐浓的世界
一阵凉风透过光
逐渐探进秋的骨缝
一枚黄叶砸下来，坠成翅翼
只那么一闪
就刺痛了我的眼眸

飒飒秋风，吹皱一池柔情
飘落的黄叶，溅起薄凉的秋
心事泛起涟漪
一圈圈晕染开来
打乱了夕阳交错的节奏
凝望着它
想用一些错落的诗句
将这份秋凉收敛
就像留住一个念，一种香
一份希望，一份秋日的暖

（2020 年 12 月 23 日，波士顿）

2. 萌芽

触摸心的律动
真情无须刻意掩饰

一双纤细的手从草丛中伸出
露出最诚恳的嫩绿
握住每一缕阳光
啜饮每一粒朝露
让错综在土里的根扎得更深
默默地吸收　酝酿
攒足劲儿　期待着
期待一个繁盛的花期

（2020 年 3 月 20 日，波士顿）

3.　静默黄昏

在几平米的阳台
手握一杯金银花的温度
旋紧黄昏的发条，在风里沉默

渐渐变淡的日子，在茶水里氤氲
我的目光
渐次转向夕阳和远方
清新的茶香溢出来
浮在远天的余晖
还有余晖里漂浮的尘埃
静静的飘，飘向无边的海

夜幕还未垂下来，我就开始辗转
扎在心尖的刺痛
被黄昏时光的水涤荡

（2021 年 6 月 26 日　波士顿）

李喜丽［美国］

李喜丽，广东台山人，93 年移民美国。纽约大学数学教育硕士，纽约市公立学校老师。纽约华文女作家协会和北美中文作家协会会员。作品获得五次汉新文学奖，《诗人》获 2018 年首届法拉盛诗歌节新诗三等奖，《娥眉婀娜，牡丹绽放》等五篇报道获 2018 年海外华文著述奖新闻报道类第一名，《Get Through》获 2020 年第二十八届汉新文学奖散文金奖。

致我亲爱的小孩

舔着糖果的小孩，我亲爱的小孩
祝你的生活
如糖果般滋味甜蜜
如果没有，别放弃
希望你永远都有
追求美好生活的信心和勇气

牵着气球的小孩，我亲爱的小孩
祝你的未来
如气球般缤纷多彩
如果没有，别怨赖
希望你会欣赏
细小平凡中的伟大和精彩

吹着蜡烛的小孩，我亲爱的小孩
祝你许过的愿
都能梦幻成真好运不断
如果没有，别埋怨
希望你面对挫折
拥有从头再来的坦然和乐观

拆着礼物的小孩，我亲爱的小孩
祝你生命里
有贵人相助机遇频临

如果没有，别灰心
希望你感恩之余
自强自立改变命运靠自己努力

庆祝生日的小孩，我亲爱的小孩
祝你的人生快乐幸福
也无畏前路险阻
如果你觉得无助，请记住
在你的背后，有回家的路
还有我和我的祝福
那是你的来处，心的归宿

高霞［美国］

拥有北京语言文化大学英语语言文学学士，麻州大学工商管理硕士学位。在美从事汉语语言文化教学 15 年。曾在一所大学和天主教私立女校以及几所政府机构院校任教并任职于联邦政府。北美华文华府作协永久会员，在《世界日报》等报纸网站上发表过一些游记、报道和诗作。闲时听人文讲座，游览自然山水，品味风土人情，结交良师益友。爱好瑜伽，愉悦身心。

人间四月　飘花魂

人间最美四月天
她把自己化作一树春花
暖风里微眯着花瓣的眼睛
深吸一口甜淡迷人的乡土
随风随雨醉入诗意
思量如何长伴山水？
如何永存天地绿树之间？

应该找个画家将她泼入水墨和油彩
也许找个雕塑家把她铸入铜像和石雕
还是找个作家将她写入一本旷世杰作
或找个建筑师把她植入一幢大楼
或者找个科学家鉴定一下 DNA　解开一切密码谜团
一定要有金、木、水、火和土所有元素
还得蕴涵梦想、情怀和初心

白水河 [美国]

白水河，本名焦海丽，现居美国。诗、散文、小说散见海内外报刊杂志，并被收入文集和年鉴。出版有双语诗集《风的长廊》。

1. 水

雨水河水　海水……
天下的水
都有一种本领　－　自愈

抽刀不断
且不留
伤痕

水是最好的药
每天我外用内服
接纳、宽恕

受伤七次
或七十个七次
仍完整如水

2. 雪笺

雪是一种无声的语言
落在灯光周围
落在我周围
我在远离炉火的地方
向雪取暖

雪是唯一与故乡有联系的东西
沉静而固执
令我升起一些洁白的渴望

西北的雪是南国遥不可及的牵念
在南国　我是一株落叶的白杨
独立松林
雪中想起冷清的家
母亲抬眼望雪时
额上又添皱纹几道

雪撒进流浪的心
就有了盐的味道
最亲爱的问候
终于在淡淡的泪水中　融化
雪融化的时候
我会象阳光一样微笑
走进阳光下真实的生活

在不会落雪的七月
我将归去
归到夏天深处
回头遥望一场雪

胡军飞［苏格兰］

胡军飞，哲学博士（PhD），本科 94 年毕业于湖南大学，硕士 2000 年毕业于西安交通大学，2010 年 9 月获英国利兹大学哲学博士学位，苏格兰 VOX 公司主任，旅居苏格兰，与麦克尔-威廉姆斯博士合作在苏格兰出版文集：Life story, Letters and Poems of Hope Love and Peace

花儿

踏过绿地
穿越树荫
花儿在盛开

你的笑容
绽放在
花丛中
我已分不清
笑盈盈的你和花儿

潺潺的小溪
漂来你的歌声
梦中的我
不愿苏醒

王晓露[西班牙]

王晓露，西班牙伊比利亚诗社社长，丝绸之路国际诗人联合会副主席，欧洲华文笔会秘书长。中华诗词学会、中国诗歌学会会员。著有诗集《远方的你》。主编中西双语诗歌选本《中西诗典》。参与组织和主持首届西班牙伊比利亚国际诗歌节。

1. 生命

有人说，所有的诞生
都伴随着光环
只要相信，就可以找出
自然界相应的异像呈现
我们注定不平凡
就像河流中一块带棱角的石头
就像悬崖上与山风抗争的花瓣

生命之卑微如尘埃
无数的尘埃在叠加
叠加成一个巨人
披上耀世的盔甲

我预见垂暮之年的某个午夜
在梦境之前闪过一道记忆
唤醒尘埃
它们各自散去

2. 树的心思

树的悲哀在于
不能行走也不能说话
它不停地往地下生长
触摸到了地球的心跳
它懂得世界在黑夜里对峙

又在黎明互相拥抱
世界在水面之下龌龊
又在阳光到达的地方充满善意
世界让活着的人痛恨
却又让将死之人无限留恋

树，还不停地往天空探索
它远远看见
城市的生灵半人半兽
穿梭在钢筋水泥的丛林
对同类左手残杀
右手抚爱

当它无法忍受的时候
就借一把火把自己烧掉
烈火腾起它就可以呐喊
成了烟灰它就可以自由行走

海澜［加拿大］

出生于中国上海，现居住加拿大多伦多。从事 AI，IT 分析管理工作，自幼酷爱文学诗歌，认为诗是世间灵魂的印章，美的宗教，爱的升华。系博雅书院作家群成员，华诗会成员，《百年丰碑》编委会特约编委，被评为 2020 杰出文化传承人。

归来

屋前的路灯亮了
瞭望空旷的长街
一个个，走近又走远的身影
倾听脚步声
是谁，踏响最轻快的旋律

沙发前的落地灯亮了
伴着歪斜的身体
一片昏沉的月光海
淹没白天所有的凌乱
撑一叶纸船，滑向波心的月影

梳妆镜边的台灯亮了
入睡前，洗去尘土
隐约看见
曾有人对着镜子为你梳头
镜子里，忽显的欢颜

夜空里的星星亮了
你，是否已在归来的路上

（2021 年 2 月 22 日）

江南［加拿大］

江南，原名江才德，1974 年生人，加拿大国籍，祖籍中国福建。1995 毕业于福州大学。在厦门从事外贸以及各类业务工作，于2005 年移居加拿大多伦多，移居开始陆陆续续写诗，最初在《酷我-北美枫》发表一些诗歌，目前为加拿大高校文学社成员，出版诗集有《把时光绕进诗里》，目前从事经验自己的公司凯谛留学公司，从事加拿大美国留学签证业务。

光

有光，在冬季
像雪一样悄悄弥漫下来
时而飘飘渺渺
时而浩浩荡荡
在这个新年
把悲伤一一抚平
把痛楚轻柔医治

有光，就有了希望
大地也跟着亮堂了起来
心情变得愉悦
来吧，举起杯中的酒
在新年的钟声里
一起品味路过的诗句

那座不远的城
不再继续迷雾重重
心靠在停歇的段落
继续演绎着
多少的跌宕和起伏

无论
此时的雪，在窗外
会下到
哪章哪节

我们将与你一起
期待未来

林个个［日本］

林个个，原名林云峰，男，日籍华人，1975 年 10 月出生于中国福建省福清市，诗人、书画家。大东文化大学大学院中国书法学博士。现为全日本华侨华人文学艺术家联合会理事、全日本华人书法家协会副秘书长、兰亭书会东京研究院研究员、墨圆会书法讲师。

飞

打开一扇窗门
老房子和我就会一起飞
因为打开的是翅

屋前的枫树红透了脸
站着站着也飞了
银杏树也飞了
良月曼舞呀

卸下了起起伏伏
初冬日渐清瘦
不再憧憬少年美
但有一弯银色钓诗钩

强而为之的易折
漫不经心的最是冷风
一如既往的是溪声

我的飞稍稍离开地面
稍稍触摸到游云
稍稍摁手印
稍稍交托又一轮心事

欲言又止也好
再拉斜坡来捂口
倒回的或可开出心花
那是来日之春的一处合集

双一[美国]

双一，原名杨靖海，旅居夏威夷。海外华人作家笔会会员，北美文心社社员，华人诗学会会员。诗歌见于《新大陆》《纽约一行》《中国诗歌》《影响者》《小诗界》等诗刊，作品入选多种选本与年鉴。曾获纽约法拉盛诗歌节一等奖，汉新文学奖，全球华语诗歌比赛奖等。

1. 容器

来到世界之前
一个孩子是一片云
落在地上，就变成
一捧清澈的水

在世上辗转
不得不学会包容
沙粒，尘土，找一个
有颜色的容器
小心盛放自己

而我，用了半生时间
学习安静摆放我的容器
让沙粒与尘土落下来

然后，用余生
把容器打碎

2. 她的孩子

乖，到妈妈怀里来
傻孩子，穿上长袖，冷

她常常这样叮嘱她的孩子
有时问他：我做的饭好不好吃？

我把一箱水扛回家，她抱我
说：孩子，累了吧......

二十年了，我们一同筑起的小巢
还是空空的二人。她有时会哭

于是夜里，我把头埋进她的脖子
继续认真做一个，她的孩子

雨文周[美国]

雨文周（Vivian 雯），真实姓名：周雨文。WEPOETRY【海外诗粹】创始人，自由撰稿人。现居纽约，从事銀行金融业。作品發表于《世界周刊》《世界日报》《海外文摘》《21世纪财经论坛》等，编入诗歌合集《自由的奴隶》《法拉盛诗歌节作品集》《六月荷诗曆》《喊》等。

夜雨

这午夜的雨
随旧年而来
除了固执，再没有别的了
它落在冷清的屋檐
惊醒，孤寂中的我
似乎是在提醒
即将到来的寒冬
其实，也没什么可担心的
至少不必再为秋雨烦恼
也不必因这雨的洗涤
洁净了糜腐的身体而心存感激
但在这里，我要祝福
每一个陷入苦巢中乞求冬眠的人
别像死水中，一滩僵硬的芦苇
最终，烂了根

如果诸事无法完美
且听从，这雨的悲嚎
就此，别过——

漫黎［美国］

漫黎，原籍上海，中国美术学院毕业，定居美国芝加哥，为芝加哥"风城诗社"社员，华人诗学会会员。原为上海东方电影频道节目编导，合作执导的纪录片《记忆电影》于 2006 年获第二十五届夏威夷电影节纪录片成就奖，2007 获上海市十佳文艺创作奖。曾为上海电视台纪实频道《Discovery》栏目特邀撰稿人。爱好绘画、写作、朗诵。定居美国之后开始坚持写诗，笔耕不辍。近年来有不少诗作发表或散见于国内外各大网络平台或纸刊。

在冬天来临之前

在冬天来临之前
我用一把镰刀
收割散落于地的灰白
那月光
颓败得也令人触目惊心

植物们正走向坟墓
淡定中的沉默
如我
无需怜悯，更无需悲痛
这最后的结局
是不该让我肝肠寸断

那些人间的烟火
若能连根拔起倒也省心
可我毕竟还是惦念着
要与你相约看明年的桃花
于是，往后一百日
雪落三千
我的花儿和我
都不再恐慌

夏婳［加拿大］

诗歌散文小说剧本作品发表于海内外各类杂志报刊，被收入各类文集，也获得国内外一些奖项。国内外已出版小说《搭错车》《环环扣》《花落的声音》《一路狂奔》《梦落纽约》。最新长篇《疫情忆情》正在出版。《梦落纽约》版权签出，改编成 40 集电视连续剧，本人主编剧。

刻意

我小心翼翼地去点触
你的微信头像
惟怕手重了
击碎了仅存的过去......

胡刚刚 [美国]

胡刚刚，软件测试架构师，宾夕法尼亚大学计算机硕士。生于北京，现居美国。绘画作品多次入选国际画展。获杜伊诺城堡国际诗歌大赛最佳诗人奖、香港青年文学奖、梁实秋文学奖、台中文学奖、北美汉新文学奖、广东花地文学奖等。北美中文作协会员。《留学生》杂志专栏作家。

宠逝
——谨此纪念我心爱的小鹦鹉

你的温度，从我渐冷的掌心
流进渐热的心，点亮每声跳动
星火，在你眼中缓缓熄灭

空笼子，葵花籽壳，哑了的黄铜风铃
你刚啄过的圆形水面漂着羽毛
像碎玉兰花瓣。阳光，暖得我打颤

如置身沉船，我伸开双臂，模彷
你不再飞翔的翅膀
呼吸比烟轻盈，窒息着，下陷
你的鸣啭遁入空山梵呗，暂停了
时间的追赶。而我，已无缘重温

吻，最后一吻后
便是凡尘尽头。你肉身入土
我将怀拥你的虚无，一遍遍祈求涅槃
很慢，很满，从此什么都很淡
虹雨，流韵，茗饮，伽蓝香
泪的味道，也一样

接受你的考验。我知道
你正以另种形式，伴我修行

屈智宇［美国］

屈智宇，驻美国纽约，诗人、摄影师、艺术家。以诗歌记录情绪，书写青春随想。

深爱无声

习惯　每当想你时默念
习惯　没有回应的时间
习惯种种沉默代替语言
即使流连
我不知该如何表达我的感受
但我知道深爱在寂静中

还没　给予更多空间
声音　就回荡消散
还没　郑重说声再见
脚步　便已然走远
我不确定何时能再和你相遇
但我肯定深爱在寂静中

我知道　就算抵达也会迟到
但请相信
总有一天　我们会再见
带着　早已改变的容颜
那天我会抱着你　轻声耳语
然后告诉你　寂静中　爱有多深